無常即是日常，賺錢也可以優雅

盡心＋感謝，永遠有機會！
社長的64則重啟人生圖文創作

文・圖 王學呈
《風傳媒》社長

reimage
reset

目錄

2 商道

3 情路 171

4 台式心情 225

〔推薦序〕

在回顧防疫中看見希望，在展望未來中永保溫暖

全世界最宜居溫度是二十三度，從中央氣象局三十年來的統計資料得知，台中市的年均溫正是宜人的二十三・七度。台中的美好，多次獲得台灣最宜居城市評比推崇。感謝王學呈社長好幾次在著作中，用有溫度的文筆及色彩斑斕的筆觸，向世人展現我每日兢兢業業努力建設、維護的美好台中。得知學呈又完成一本大作，除了拜託他在書中為台中多著墨一些篇幅，也特別提出三個理由，向讀者朋友推薦這本書。

第一個理由是王社長「文筆極佳」。我認識的王學呈，是一位擅長以敏銳觀察力和深刻思考來描繪心情感受的資深媒體人。這本書看似是以生活感受、文藝抒情的圖文創作，實則是學呈社長以敏銳的觀察力和深刻的思考，呈現了三年疫情生活下的種種變化和感受。在這本書中，他運用了多年的報導經驗和專業知識，呈現了

黃花風鈴木　52公分×38公分

他對這個時代的獨特見解和感受。他的文字簡潔明快、情感豐富，讓人讀後回味無窮。

第二個理由是王社長具有濃濃的「土地關懷」。這本書中，王社長以詩意的語言描述了台中火車站和一德洋樓這兩座城市地標的美麗之處，讓讀者能夠深刻感受到這座城市的魅力和深厚的文化底蘊。

他也常在文章的尾段，將畫作的小故事與讀者分享，有群花綻放，也有落花流水，或是古樸的和洋建築；但文章中的畫作，更常是路途間不經意遇見的人、事、物，都讓學呈用筆畫記錄下來，看似點綴，卻是令人極有印象的一幕。

第三個理由是王社長透過文字傳達的情感，總會讓人「看到希望」，顯見在書中各篇幅。在三年疫情中，他關心同事，為朋友分憂解勞，甚至是下樓買便當，也用眼神為攤商朋友打氣，懷抱希望撐下去！

後疫情時代來臨，我常常與同仁反思：「我們能從過去三年新冠肺炎防疫工作中，學習到什麼？」過去三年台中與中央、台中與周遭縣市，不分黨派彼此團結一致，一起打贏這場艱難的防疫戰。

我想，過去三年，我們最大的收穫，就是讓我們更堅定：只要團結一致，不只能看見希望，只要心中永存希望，就能將不可能化為可能！

如同學呈社長在新書序中提到：「新冠肺炎即使仍有餘波，但終會過去，現在我們需要的是重新想像和重新開機。」「人生和公司需要新的活力和商模，正如疫後的青春，欣欣向榮。」

盧秀燕（台中市長）

〔推薦序〕

字字珠璣以度人

學呈社長新書出版在即，承蒙不棄邀我作序。因為之前讀過社長的兩本書，著實喜歡，又想先睹新書為快，就一口應承了。

與王社長相識是二〇二〇年底應邀參加風傳媒的論壇，和張果軍董事長與講者餐敘之後不久，即收到學呈兄寄來的《人生需要經營，也要適度放過自己》的書和他漂亮鋼筆字寫的短箋。我將書置於床頭，有天晚上睡前拿起來翻一下，竟一口氣就看了快半冊，才放下睡覺。緣因社長的每一篇短文，有故事，有旁觀者的冷闢分析，也有一語道破、要言不煩的神來之筆，當然還有他親繪的插圖，讀起來津津有味。畢竟，學呈兄寫的職場、做人、處世，源自你我的日常，自然多有讓人心有戚戚焉的場景。

王社長寄贈的第二本書《喜歡的事開心做，不喜歡的事耐心做》，我是在去年清明連假從高雄北返的高鐵上讀完的，當時就發了簡訊跟他說我剛剛拜讀完大作，

昭和櫻　52公分×38公分

「忍俊不禁」；他回說他那可是「度世之作」。社長的書讓可以對號入座的人們得到啟發，其實更像是言簡意賅的直白敲打；對於「狀況外」的人就是旁觀的會心莞爾了。

這本新書裡依然談到職場、商道和情場。社長文筆洗練，不拖泥帶水；生動有趣，能一針見血，同時又手下留情。〈不扛又不服〉一篇，五個字的標題即道出有些「中生代，不願承擔，不想改變自己的生活樣態；等到組織產生變化時，才進退維谷，後悔莫及」。而他的一篇〈穿衣看袖口　吃飯看茶酒〉則讓我汗顏，原來自己如此不諳台灣商場的規矩。社長最令我驚艷的是他天馬行空打比方的功夫。譬如他用〈美女的左臉〉來談太多重點反而會失焦，要知所取捨；另外他在〈唐伯虎〉一篇談到：「企業和帝國成立之初，通常仰賴才子型或大俠型的人打天下，……但終究需要建立制度和組織，用策略取代武功，以團隊超越英雄，降低超級員工的重要性。……」這道理並不新，然而說法卻非常獨特。「團隊可以不斷培養，而才子不世出！」鏗鏘有力，發人深省。

凡「大人者，不失其赤子之心」，新書裡〈台式心情〉有一篇社長寫到，因為遇見一位女郵差，而特地去郵局了解郵差的日常作業，他寫下：「我們都從平凡的日子走來，那些尋常的努力和汗水，每天清晨或黃昏的平常相逢，有點熟悉的，或素昧平生的，彼此關注的，或擦身而過的，形成我們真實而溫暖的人生。」社長的筆鋒溫潤，自然的真情流露，讓人暖心。看著社長給職場中人的務實建議：「老闆會記得，市場也會記得。像我們這樣的人，吃苦當吃補，受傷就是授階，身上所有的箭傷和刀傷都是成長的動力。」；還有〈離職的三件事〉裡說到：「要對公司和主管（老闆）表示感謝。感謝一說出，千山點頭，萬壑開展。心存感激的人，在江湖上永遠有機會。」；「換工作和換愛人一樣，都要趁年輕，老了就換不動。」等等，不禁對那些仍在職場打拚或在情場和安家之間努力的老弟、老妹、小弟、小妹們有些不捨，覺得生活真是不容易。社長佛心，字字珠璣以度人；讀者若能心領神會，必能獲益良多。

井琪（遠傳電信總經理 井琪）

二〇二三年四月四日 於台北

〔前言〕

疫後青春

二〇二二年十一月十八日中午，飛機降落在日本關西機場，距離我上次造訪日本，足足經過三年。

我從機場坐JR電車到奈良，然後拉著行李箱走到大宮橋，跨過佐保川。佐保川兩側櫻花樹的葉子橙紅交映，秋意盎然。

晚餐我挑選一家小巧的居酒屋。那家店由一對父女經營。日本有很多小店由父女、父子或夫婦一起經營。那晚我是第一個客人。四十多歲的父親掌廚，九歲、讀小學四年級的女兒面帶微笑，奉茶、遞毛巾給我，接著送上菜單。

這女兒實在太可愛，我回報的方式是點菜單上最貴的菜，例如烤牛舌、明蝦沙拉……等。席間交談，他們知道我是台灣來的觀光客，眼神和語氣更加親切。

餐後我沿著三條通，走向奈良町，把所有的街道重新走一遍。多年前非常熟悉

佐保川　奈良　38公分×26公分

的路徑，那些燈火通明的商家，夜鷺飛過的猿澤池，以及月色掩映的興福寺五重塔。

三年了。這一切都從新冠肺炎的浪潮中走過來。

有朋友問我：「為什麼不去東京或京都？為什麼選擇奈良？」

這三個城市都曾經是日本的首都，但完全不同的底蘊。依照我的感覺，東京是潮味，京都是韻味，而奈良是禪味。

奈良的古寺和佛像，千年的起伏和侘寂，說明人生的空性。盛極必衰，由剝而復。

新冠肺炎即使仍有餘波，但終會過去。現在我們需要的是重新想像（reimage）和重新開機（reset）。人生和公司需要新的活力和商模，正如疫後的青春，欣欣向榮。

奈良眾多的佛像，我最想看的不是如來或觀音，而是興福寺的那尊阿修羅，三頭六臂，但有少男的純真臉龐，眉宇之間微露的苦思和憂鬱眼神。

阿修羅兼具神性和人性，有神明的無邊法力，也有凡人的喜怒哀樂。阿修羅是最接近人的神。

所有的經營者都有這種假相和負擔，表面上要扮演神，其實我們只是人。

我參觀奈良工藝館時，館方對於「初心」的「初」，有很好的拆字解釋。他們說，「初」就是布加刀，布要做成衣服或床單，就要用刀去剪。好的布禁得起各種裁剪。

所謂初心並非不變，而是萬變之後不改其本質。絲綢的經緯，檜木的紋路。

到奈良的第三天，佐保川畔的紅葉凋落，枯寂的樹枝。再過四個月，櫻花就開了。

疫後的初心，依舊青山綠樹多。

春日大社 奈良 王學呈 1/26 2023

1 職場

職場是另一種旅程，每一站都是風景，冷暖陰晴俱是因緣。
所有的努力都會留下痕跡。隨緣盡心的人，終有福報。

春日大社　奈良　52公分×38公分

謀生三分之二　追夢三分之一

我陪女兒道路駕駛，車子在台三線奔馳，從新北市土城開往新竹北埔。

女兒今年春節後找到工作，在電視台上班，負責氣象播報的美術效果，例如拚圖、字卡等等。她在學校主修動漫。

台三線的路很寬敞，車子不多，青山綠水，開起來很愜意。我問她：「喜歡你的工作嗎？」

她說：「還行。」

我問：「妳在學校花了很多時間練習手繪，現在搞這些簡單的字卡、拚圖，不會覺得無聊嗎？」

她說：「反正就是工作嘛！工作和夢想本來就是兩件事。我總要賺錢養活自己吧！」

聽到這話我就放心了。這女兒很務實，知道自己該做什麼，完全不需要爸媽

油羅溪橋　新竹縣　52公分×38公分

操心。

學非所用好像是人生的常態。我大學讀法律系，一九八六年預官退伍，那時候律師和司法官很難考，兩千多人報考，只錄取十幾個，甚至有一年的錄取人數是個位數。

當年很多學長、學姐畢業之後都在政大附近租一個小房間，苦讀數年，才有可能考上，而且只有少數人金榜題名。

我的家境不允許，我要賺錢養家，於是我放棄本科，直接進社會找工作，剛好《經濟日報》在招考記者，我悶著頭去考，竟然考上，一個月薪水加稿費，兩萬八千元（那時候大學畢業生的起薪只有一萬出頭），很高興，馬上去上班。

就這樣一路走來，成為媒體人，有時候看到書架上那些當年苦讀的法律教科書，心中不免遺憾。

過了五十歲之後，法律系開同學會，努力半生的同學陸續連絡起來，我慢慢發現，跟那些律師、司法官的同學比起來，我混得沒有比較差。原來生命會自己找出路，只要努力，就可以出人頭地。

人生自有圓滿之處。年輕人初入社會全力謀生，經濟基礎穩固之後，還是可以重拾夢想，例如和碩聯和科技董事長童子賢的夢想是文學，前行政院長劉兆玄的興趣是武俠小說，筆名上官鼎。

這幾年我觀察身邊的老闆和高階經理人，我發覺他們的人生有一個配方，大約是三分之二的時間和資源經營本業，剩下三分之一的時間和精力追求夢想，例如有人變成專業的烘焙師，有人彈得一手好琴。

就像我女兒，下班之後和休假的時候，經常看她坐在電腦前面，用繪圖板練習動漫人物。謀生和夢想可以兩全。如果無夢可追，人生多無趣啊！

那天的道路駕駛，開到北埔已是黃昏。回程換我開，讓女兒休息。日落之後，天黑之前，跨過新竹縣橫山鄉的油羅溪橋，天空是漸層的藍紫色，路燈和車燈紛紛點亮，動人的原鄉之美。

離職必須做的三件事

他最近退休，心情不是很好，因為他是被逼退的。我請他吃飯，約在山海樓，吃紅蟳、烏魚子、炒米粉。

他原本在某集團的子公司擔任總經理，上面有一個董事長，董、總都是法人代表（都不是自己的持股，都是專業經理人），彼此不對盤。董事長希望每年繳出漂亮的盈餘數字，用盡所有方法，有些方法不利於公司長期發展。

總經理希望專注於基本面建設，該投資的要投資，即使減損一點盈餘數字都是值得的。

總經理和董事長不合，輸的當然是總經理，總經理被迫提早退休。氣氛有點僵，集團老闆沒有找這位總經理話別，總經理一時之間有點賭氣，也沒打算去找老闆聊聊。

我跟總經理吃這頓飯，希望解開他的心結。我跟他說：「老闆不找你，你要

紅蟳　52公分×38公分

求見老闆，這是禮貌。你在集團裡工作三十年，不可以這樣離開。」

還有，我提醒他，你是被逼退的，這一定是老闆同意的。見到老闆時，你一定要問一個問題，「請問老闆，是不是有什麼事情，我沒做好，而我自己不知道？」

這個問法很重要。高層鬥爭，派系傾軋，常常有一些莫須有的罪名，有時連老闆也被蒙在鼓裡，因為集團實在太大了，老闆無法事事通曉。當面跟老闆問清楚，至少死也要死得瞑目。有些老闆經過這一問，左思右想，明察暗訪，就刀下留人了。

後來事情有所轉圜，老闆聘他去另一個事業體擔任顧問，這算是一步活棋，至少人留住了。

依我的觀察，那位董事長追求利潤，竭澤而漁，大概兩年之內會出事。這位被鬥倒的總經理才五十幾歲，或許到時候有機會鹹魚翻身。

歲末年初，又到了換工作、遞辭呈的旺季，我覺得離職必須做三件事：

第一，不管你喜不喜歡你的主管，或者你的主管喜不喜歡你，離職之前找你的主管聊一聊，這是風度，也是格局。

第二，談的重點是你任職期間的心得和功過，這是自我檢視的過程，主管是你的鏡子。

還有，可以不居功，但絕對不扛罪。有些很低級的主管和單位會把營運的過錯，推卸給離職的人，尤其是高階經理人很容易被陰。大家把話講清楚，不是自己的錯，絕對不扛，要留名聲在業界。否則，可能會影響你下一個機會。

第三，無論如何，要對公司和主管（老闆）表示感謝。感謝一說出，千山點頭，萬壑開展。心存感激的人，在江湖上永遠有機會。

美女的左臉

她是正妹記者，我們曾經是同事。她想轉換跑道，改行去企業界做行銷企劃或品牌，她找我指點迷津。我們約在台北喜來登飯店吃泰國菜。

我直接問她：「做記者不是很風光嗎？大家都敬你三分，你們寫的文章對社會很有影響力。」

她說：「我現在的薪水跟三年前差不多，每年加薪只加五百元或六百元，我不期待再過三年，我的薪水會比現在多多少。我總不能到了三十歲，還在領二十四歲的薪水吧？」

這個我懂，很多我帶過的人，現在的實質收入跟十年前差不多，甚至減薪。

我提醒她：「做行銷企劃或品牌要看別人臉色喔！做業務更慘，常常被客戶洗臉。妳要有心理準備。」

她說她已經覺悟了。接下來，她從皮包裡拿出兩份列印成紙本的企劃書，那

護士　30公分×21公分

是她自己練習的作業，請我幫她看看。

她很認真，每份企劃書都寫了十幾頁，顯然已經練習一段時間了。

我看完跟她說：「妳太貪心了，一個案子寫了三、四個重心，這樣太發散，執行的時候會有問題，備多而力分。每個案子只有一個重心，對焦於公司的產品或客戶的需求。一份企劃書能夠溝通一個概念，或解決一個問題，就很棒了。」

新手通常聽不懂這樣的提示。於是我以人物肖像的繪製為例來說明。

我們畫美女時，不可以兩隻眼睛畫得一樣清楚，那樣會失焦，一定是一隻眼睛明亮，另外一隻眼睛比較模糊；人的臉龐分為左半部和右半部，不可以左右都畫得一樣重，那樣沒有主從。

右腦主導情感、直覺和創意，而右腦神經偏左，所以左臉的表情比較生動，美女左眼通常比右眼動人，左頰的酒窩通常比較可愛。

還有寫字也是一樣，一個字只有一個重心，如果有兩個重心，那個字就會崩解。提筆寫字，意在筆先，一定要先掌握那個字的重心，內密而外疏，筆劃由重心向外伸展。寫一屏字，也要先規畫好視覺的重心，滿足人類視覺的慣性，這樣寫出來的作品才會好看。

回頭來說企劃書，重心只有一個，而且必須在前三頁就表達清楚，勾起客戶的興趣。厲害的企劃書，寫到第五頁就可以成交。第五頁之後都是裝飾，展示提案的誠意。

做官做的是分寸

他是某集團的執行副總經理，為了增加集團營收，開發一個新產品。那個時候總經理在歐洲出差十七天。他為了爭取時效，就先開模，做出原型機。如果原型機失敗，他大不了被總經理念一頓。偏偏原型機成功，幾個下游廠商試用之後，反應良好，這下事情大條了，他搶了長官的風采，對長官構成威脅。

從此之後，他的日子很難過。總經理在董事會說他壞話，在他的身邊安排好幾個眼線監視他，他的權力被限縮。

他問我：「怎麼辦？」

我說：「第一、你要先在董事會找靠山，萬一總經理要幹掉你，有董監事幫你說話，願意保你。第二、去找總經理輸誠，宣誓效忠，讓他不再整你。」

我問他：「你在集團內，應該有一些不可替代的功能吧？總經理把你做掉，

鯱魚　38公分×26公分

對他應該沒有什麼好處吧？你的工作，他就要幫你做了。」

他說：「原則上是這樣，我有很好的產品設計能力和上下游關係，我很會賣東西。」

我問：「會做產品又會賣，為什麼不是你做總經理？為什麼是他做總經理？」

他說：「因為他是董事長的家臣，跟董事長二十年了，我們這種專業經理人是將軍。家臣控制將軍。」

這話有點穿越劇的感覺。我笑著說：「對啦！自古以來都是家臣、外戚和太監把持朝政，殘害忠良。」

我說：「做官做的是分寸。永遠不要搶老闆和長官的風采，不要踩別人的地盤，不要擋人財路。你份內的事，努力做到最好；不該你做的事，不要去碰，除非老闆叫你做。」

最後我提醒他：「你的能力和人脈超過總經理，這次的原型機又得罪他，他已經對你有戒心了。在他手底下，你的前途有限，你永遠做不到總經理。渡過這一波，如果外面有機會，就換跑道吧，去一個沒有家臣和太監的地方，專心做一個開疆拓土的將軍。」

今年二月，我參觀霧峰林家的宮保第，大花廳的梁柱雀替有鰲魚木雕。鰲魚龍頭魚身，有祈雨防火的功能。日本很多木造房子的屋頂都有鯱魚的雕飾，虎頭魚身，也是噴水防火，祈求平安的象徵。

做官做的是分寸，居高思危，持盈保泰。你永遠不知道，火會從哪裡冒出來。

有實力就有朋友

我到國家音樂廳欣賞交響樂，曲目是貝多芬的《三重協奏曲》和馬勒的《第四號交響曲》。中場休息時間遇到他，他出身台灣企業世家，熱心公益，常常贊助音樂會和表演活動。

我當記者的時候，跑過他們家的新聞，跟他爸爸（已過世）和幾個兄弟都熟。

那天我們聊到他的事業現況，聽起來不錯，東南亞市場成長很多。我接著問：「那你的哥哥們呢？他們好嗎？」

他說：「我們已經不太往來了。他們的事我大部分都是從新聞上得知。父親過世多年之後，兄友弟恭是福氣。大家各有事業，彼此能夠不打仗，不爭奪利益，就算很好了。」

「兄友弟恭是福氣」，這話道盡豪門大戶的真相。通常父親健在的時候，壓

國家音樂廳　52公分×38公分

得住陣腳，兄弟姊妹之間表面和睦，私下較勁。父親過世之後，開始爭權奪利。分家幾年之後，就各走各的路。家大業大就是這樣，很多事情盤根錯結，根本協調不來，只能看天意。

朱門必有恩怨，江湖定有恩仇。豪門大戶的和睦是福氣，專業經理人的平安靠實力。

我有一個學長，幾年前進入某集團，負責新事業群。那個集團年年成長，山頭很多，開疆拓土的同時，各山頭都在搶地盤、爭資源。

前幾天我請他吃飯，在台北市喜來登飯店的蘇可泰餐廳。我問他：「學長這兩年順利嗎？平安嗎？」

他說：「有實力就順利。有地盤就平安。」

他很不容易，負責開發新產品，並且串連海外供應鏈和據點，進而爭取美國市場的政策補貼。這些事情必須穿過集團內幾個山頭，需要協調，也可能得罪人。他都可搞定，主因是他有足夠的實力和人脈讓事情成功。因為事情可以成功，大家樂得協辦沾光，不需要跟他爭。利益超越人性，實力克服人性。有實力就有朋友。

我們在職場，百分之九十的時間是平靜的，依照組織的慣性和市場的定律運作。剩下百分之十的時間是變動的，例如二代老闆接棒、新的股東加入，或集團的策略調整，還有對手以新產品和低價搶市。

這百分之十的變動，就是真正考驗的開始。處理得好，雞犬升天；處理得不好，就等著被洗出去。

依照我的經驗，處理變動，只有兩種法寶。第一是心存善念，廣結善緣。第二是厚積薄發，該亮槍就亮槍，用實力證明自己的存在價值。

能做是福氣　多做是賺到

二〇二〇年五月十九日起的三級防疫，很多公司讓員工居家上班。長官看不到部屬，部屬看不到長官；我們無法拜訪客戶，客戶也不想跟我們面對面。

長達兩個多月的居家上班，是態度和能力的絕佳考驗。經過這段時間的隔絕，高下立見。

長時間居家上班，還能穩定進單的業務同仁，就是厲害的，這表示他有創意，他在業界真的有朋友；還能訪到重要人士，取得獨家新聞的記者，就是高手。

反過來說，搞了兩個多月，連一張單都進不了的業務，或者每天發通稿的記者，就是不行的，必須調整。

這段壓力期也是公司競爭力的展現。能夠持續跟客戶互動，並提出解決方案的廠商，很容易被客戶記得，並晉升為A段供應商；隨波逐流，等待解封之後才

九份的畫家　52公分×38公分

要重新啟動的團隊，可能已經被降為B段班。

每次的危機和災難都是市場洗牌的分水嶺。一九九〇年的泡沫經濟、一九九六年的台海導彈危機、二〇〇三年的SARS（嚴重急性呼吸症候群）、二〇〇八年的金融海嘯，都產生一批市場新貴，也讓一些老牌公司跌落盤面，變成股市的雞蛋股和水餃股。

這次的新冠肺炎也不例外。已經閒置的店面，除非房東大幅降租，不然可能永遠租不出去，因為消費型態已經改變，商圈縮小，不再需要那麼多實體店面；網路和遠程載具的使用程度更高，而且網路全民化（不再限於年輕人），線上溝通和交易的流暢度和深度都提高，讓舊媒體和傳統產業更加辛苦。

疫情可能隨時反撲，未來半年的日子依然不好過。我覺得「後疫時代」的經營者和工作者都應該具備三種態度：

①能做是福氣：如果客戶想到你，或者長官指定你，請你去做一件事，能做是福氣，因為你被記得，表示你有用處，應該全力以赴。

②多做是賺到：不要怕麻煩，盡可能做得比客戶和長官交辦的多一些，多做是賺到，只要證明你比別人厲害，市場會給你回報的。

③有難度才有高度：盡可能做難的事，難的事才有進入障礙，拉開跟同事和同業的差距，保持領先優勢。

去年七月，我開車到新北市一〇二縣道散心，在九份上方的一個平台，看到一個年輕畫家在寫生，八開的油畫，畫北海岸的岬灣和白雲。七月上旬的烈日當頭，看他身穿短衣短褲，全情投入。

多麼令人懷念的正常生活啊！回想封城的兩個多月，我們所經歷的日月星辰，我們承擔的每一次壓力和哀愁，慢慢洗滌出新的覺悟和投入方式，引導我們邁向新的時代。贏家不是天生的，贏家是淬煉出來的。

這些日子你好嗎？

已經一個月了，這場疫情還沒有打算結束的意思。

整個公司WFH（在家上班），但我盡可能進公司，維持上班和下班的界線和節奏。公司是對外營運的，每天都有進來的電話（尤其是業務部的電話）、快遞，還有雙掛號公文等等，必須有人處理或轉達。

為什麼是我？第一，因為我的小孩都已經長大了，我不需要在家伴學。第二，我是開車族，自己一個人在車上，沒有搭乘大眾運輸工具的感染風險。

還有，高階主管進公司，那是一種宣示。開視訊會議時，所有的人看到主管穿戴整齊，坐在辦公室，大家心裡就有數了。

這是非常孤寂的過程。中午下樓去買便當，跟攤商眼神交會，幫他們打打氣，期待他們能夠支持下去；每天下午兩點，接收那種確診人數居高不下、令人難過的疫情新聞；還有同仁回報客戶抽單或延單的壞消息。

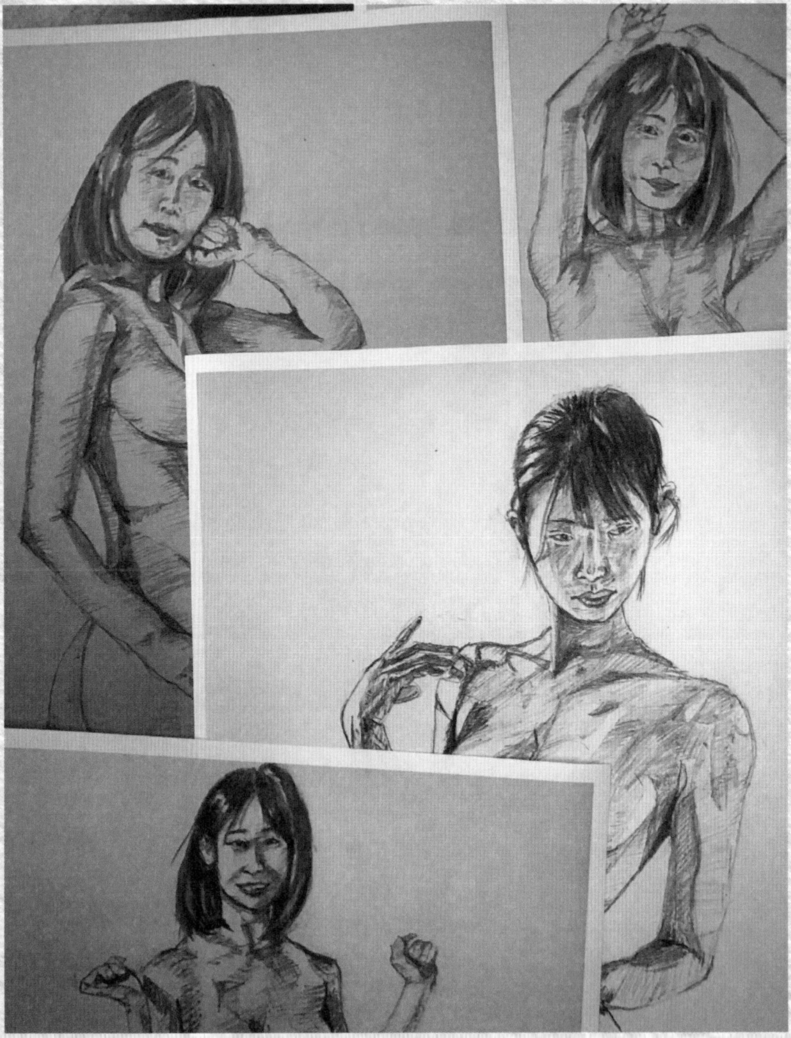

裸女　38公分×26公分

這大概是全民共業吧？這麼多錯誤可以同時發生，累積了一年多的自滿在這個夏天要一次還清。

我常常認為，高階主管是企業的經營者，同時也是凡間的修行者。這段疫情提供我們不同的修煉。我們在低迷的情勢裡，跟自己好好相處，並找尋新的出口。

疫情還有一段時間，怎麼走過這段時間是有趣的命題。我們做了改變，試著用線上和線下整合的方式，跟客戶重新提案，耐心溝通，試圖補足那些抽單和延單的缺口，結果得到正面回饋，客戶買單，因為他們也要做生意，急需新的案型。

或許，因為疫情，我們被逼出一些創意，從此有新的商模。

畫圖也是一種自處。我回頭去翻閱過去幾年的畫作，發現自己的作品多數是風景和建築，對人像和人體的練習不夠，畫人是艱難的（畫佛像更難，法相莊嚴難繪），尤其是線條和比例的掌握，還有人的眼神和風韻。人的手也很難畫。畫人難畫手，畫獸難畫走。

於是我重拾素描鉛筆，用最簡單的線條和明暗來呈現人體，那需要相當時間的練習，畫不好就重畫，就像我們低頭走過疫情。這些日子，我們試著讓自己變得更好。

永遠的老三

他是集團的元老，大學畢業就進入這個集團，優秀又認真，三十幾歲爬到副總經理的位子，此後就停在這個位階。

這個人很妙，集團改朝換代，換了好幾個總經理，他安分守己，從來不去爭總經理的位子；他是行銷大將，在業界頗有名氣，每隔一、兩年就有同業來挖他，他不為所動。

那個集團的核心產品是化妝品，這些年來化妝品很不好做，網路電商侵蝕業績，新品牌搶走年輕客群，他明明有機會轉去其他內需產業，卻不轉檯，堅守著當初入行的承諾和夢想。

後來我發現，內需產業和金控集團很多像他這樣的人，業界稱為「萬年副總」，我戲稱為「永遠的老三」。老三的內心世界就是那首童謠，「哥哥爸爸真偉大，名譽在我家。」

奈良　52公分×38公分

公司組織大概都是這樣的分層，一個老大，稱為總經理或執行長，一個老二，頭銜是執行副總經理或首席副總經理，還有一群老三，都是副總經理。這三層的人格特質完全不同。

做老大是天意，本職學能符合市場潮流，還要老闆和董監事喜歡，那個位子才坐得穩。基本上就是奉天承運。

老二靠實力，跟在老大旁邊，隨時要補位，沒有能力是不行的，會被嫌棄。老大和老二之間的關係很微妙，百分之八十的合作，百分之二十的競爭。老二經常是董事會擺在老大身邊的的明樁和備胎。

老二當然有野心，不過做老大要有八字，不是想做就做得好。幾年前有某內需集團的老二沉不住氣，把老大幹掉，取而代之，坐上那個位子之後才驚覺天命如此沉重，持家很難，維持成長更難。

老三通常很努力，而且有情有義，對朝廷忠心耿耿，不管誰當皇帝，工作一樣賣力。

公司大約有百分之七十以上的工作，是那群老三帶領部屬執行出來的。老大和老二都是殿堂上的人物，老三們專注本業，他們才是公司的基石。

老三的內部性格必須耐得住寂寞，禁得起誘惑，這需要一點禪性，很像古剎裡抄經接眾的高僧，日勤不輟，在悠悠的歲月裡自得其樂。

天道酬勤，忠心是有代價的。這群老三長年待在公司，通常手上持有不少公司的股票，有些是認的，有些是配的，換算成市值，都有幾千萬元，甚至上億的身家。

老三像高僧，這讓我想起日本奈良黑瓦白牆的古寺和僧侶。簡單的線條和身影，雋永的況味。

夏天很適合造訪奈良，高大的樹影，滿天的蟬聲和禪意。

朋友和同事是兩件事

他是資深的企劃主管，在原公司待了十幾年，有點彈性疲乏，最近有一個換工作的機會。他的好友是富二代，今年接掌家族事業，是傳統產業，富二代打算強化公司的品牌和行銷，挖他去擔任品牌行銷主管。

他心動了，找我討論這個機會。我們約在台大校園內喝咖啡，三月杜鵑花盛開，萬紫千紅，春光明媚。

我提醒他：「好友和同事是兩件事。能夠做朋友的，不一定能夠做同事；能夠做同事的，不一定是朋友。你們現在是哥兒們，平起平坐，假日一起吃吃喝喝，以後變成主僕，他坐著，你站著。你必須先確定彼此能夠適應這樣的改變，再跳槽過去。最好有一份你工作職掌的清單，白紙黑字寫清楚。」

我出社會三十幾年，從來不會去家族企業工作，因為我害怕工作職掌不清不楚，專業經理人和家僕的角色混淆。我很怕幫老闆跑銀行和地政事務所，也很怕

杜鵑花 52公分×38公分

幫老闆娘接小孩。

假若好友挖角我，關於「好友變成同事」這件事，我特別謹慎，因為如果同事做不好，到最後連朋友都做不成。這種案例，我在業界看多了。最好幫不認識的人做事，彼此依照合約進行；最好找不認識的人來做事，大家公事公辦。

反過來說，能夠做同事的，未必能夠當朋友。同事利害與共，彼此分工，是互補的；朋友心氣相投，物以類聚，是同質的。

那些做長官的人永遠要搞清楚，部屬是同事，為了五斗米來上班。能夠做同事的人很多，因為大家都要過日子；能夠做朋友的可能很少，因為大家都有自己的私生活。愈到高位，愈應有所體悟。

同事是不是朋友？你當權的時候永遠分不清楚，你失勢的時候才知道。

當年我在商周集團是總字輩，很多人跟我打招呼，噓寒問暖。二〇一五年八月我提辭獲准，問候就少了，因為已經不是長官了。

東森新聞雲更明顯，我的總編輯職位是在一夜之間被拔掉的，有些部屬馬上裝不熟，劃清界線，以免被波及。

趨炎附勢，趨利避害，本來就是人之常情，這是真實的人性。通常我們在掌權、失勢、再起又沉淪的過程中，發現真正的朋友，也找到自己真實的價值。

做事愈認真的人運氣愈好

他是年輕的業務同仁，去年才入行。剛開始真的很不進入狀況，沒有客戶基礎，沒有專業知識，每天從早到晚在辦公室打電話開發客戶，常常被客戶掛電話，業績不好。

不過他的認真讓人印象深刻。我每天到公司時，他已經坐在位子上。晚上七、八點我離開時，他還在（多數同仁都已下班），忙著改案子，寫E-mail給客戶，有時候忙到十點之後才下班。

半年之後，他的業績開始上揚。剛好有同仁離職，他接收一些金融客戶，金融在風傳媒是大戶，他的業績加速竄升，開始領獎金。最近，他的業績進入業務部的前三名，換穿進口皮鞋和西裝，打扮更整齊，業績更好。

我年輕的時候也是這樣。剛進報社，跑警政冷門路線，新聞很難找，但因為態度認真，長官看在眼裡，一年之後就調跑經建會這種熱門路線，動不動就是一

八坂塔　京都　52公分×38公分

版頭或二版頭的獨家新聞，變成《經濟日報》的模範記者。

當年報社長官曾經跟我說：「做事愈認真的人，運氣愈好。」我到現在還記得這句話，運氣不是天上掉來的，運氣是自己掙來的。

大多數人的聰明才智都差不多，成功機率也在伯仲之間。努力的次數是分母，成功的次數是分子，假設成功的機率不變，分母變大，分子也會變大。想要成功的次數變多，必須先把分母變大。贏家和輸家，差別就在這裡。

細心也是認真的一種元素。那天我陪那位年輕同仁去拜訪客戶，客戶請我們吃義大利菜。這個客戶很照顧風傳媒，我特別挑了一幅自己畫的水彩畫，送給客戶酬謝，客戶很高興，回送我一盒冠軍茶葉。

餐畢話別，我跟客戶雙手握謝，回過頭打算拿起我的茶葉時，發現茶葉不見了，原來年輕的同仁已經幫我拎在手上。他深怕我忘記，於是先幫我把茶葉拿好，真是機伶。

業務老手把客戶變成好朋友，年輕的業務高手把客戶變成女朋友。像他這樣認真機伶的年輕業務，可以把男客戶變成好朋友，也有機會把女客戶變成女朋友。所謂的運氣，不只是財運，還有姻緣。

去年和前年都是大疫之年。低頭打拚的時候，我不時想起過去每年兩次的日本旅行。

四年前的秋天，我在京都寫生，徒步走過法觀寺八坂塔、清水寺、東福寺等地。到現在還記得石坂斜坡、巍峨的五重塔，以及明媚動人的和服少女。如何與君別，又是菊花時。

註：「如何與君別，又是菊花時」，語出盧綸《贈別司空曙》。

凌晨三點半不要看手機

他是某集團的總字輩，經常忙到晚上十一點或十二點才上床睡覺。年紀大了，半夜起來上洗手間或喝水，大約是凌晨三點到四點之間。

這個集團的老闆是工作狂，晚上九點多睡覺，凌晨三點多醒來，開始工作，發E-mail和Line群組，表達意見，下達指令。

同一個時段，總經理上完洗水間，忍不住打開手機，看訊息，看完想東想西，血液往腦部集中，躺在床上翻來覆去，沒一會兒就天亮，不用睡了。

他跟我抱怨：「幾乎每天都這樣，半夜十二點才睡，凌晨三點半就睜眼，比打漁或種田還早，每天睡不到四小時，超累。」

這話很有畫面，讓我想起新北市金山區的礦港漁船和天光。

我回他：「凌晨三點半，不要看手機。你要忍住，上完洗手間，直接回床睡，睡到六點之後再看手機。」

磺港　52公分×38公分

這個集團我很熟，第一代老闆和第二代老闆我都密切互動。兒子跟老爸一樣熱愛工作。跟這種老闆相處，不能跟著他的節奏走，會被操死。

我跟那位總經理說，回老闆的訊息有三個要領：

①回得早，不如回得巧：不一定要凌晨三點多馬上回訊息，只要在上午七點半老闆上班之前回就可以（那位二代老闆每天上午七點半上班，真的很勤奮）。

②言之有物：回老闆的訊息不可以寫空話。例如曾經有一位主管急著回那位二代老闆的訊息，回的是「收到，謝謝。」被老闆臭罵「敷衍」。這種空話是減分，不如不回。

回老闆的訊息必須有觀點，有解方，這需要思考，也需要功力。

③對稱原則：老闆的訊息寫三行，你不能只回一行，至少寫到三行以上，只多不少，這是對稱原則。字的面積是誠意，也是答題的實力。

那位二代老闆算是好老闆，雖然很操，但給的待遇很好，董字輩的年收入超過三千萬台幣，總字輩經常在兩千萬以上。看在錢多的份上，董總輩都很努力，也很配合。

另一位內需產業老闆也習慣在凌晨三、四點發訊息，核心主管幾乎全年無休。這個集團的待遇普通，董座年薪五百萬是上限，總字輩的年收入不到四百萬。因為錢不多，不值得拿命去換，流動率就很高了。

還有，凌晨的手機訊息不要看，但是如果半夜手機響，一定要接，那一定是出大事了。我在錢櫃工作時，只要半夜手機響，十之八九是門市發生槍擊案，出人命或有人受傷。驚心動魄。

加薪升官的最有效方法

年終約談，多數人最想談又不知如何開口的，就是加薪升官。對於主管而言，這也是棘手的難題，因為不可能通通有獎。我每年都煩惱。

員工通常可以分成三種，一種是三十歲以下，第二種是三十歲到四十歲之間，第三種是四十歲以上。

三十歲以下的同仁，如果你的工作績效跟所有員工相比，排中段以上，關於升官加薪這件事，你儘管開口，反正年紀輕，開口就有機會。我常聽到的加薪理由大致有三種：

第一種，「我想加薪，因為我的收入不夠用。」這話有點傷主管和公司的自尊，好像在影射公司待遇不好。

第二種，「我明年想結婚，要買房子，要繳房貸，能不能加一些薪水？讓我繳房貸。」這個理由很實際。

九份　52公分×38公分

第三種理由最動聽，「我明年有很高的成長性，我想幫公司規畫新的產品，在我規畫和努力的同時，能不能先幫我加一點薪水？最好職銜也能調整一下？讓我更好做事。」碰到這樣的理由，難以拒絕，通常讓他如願。

三十歲到四十歲的同仁，已經不是小朋友了，開口要謹慎，只能用第三種理由，而且要先寫好產品計畫，跟主管好好討論。主管和公司都同意了，再「順便」要求加薪升官，這樣比較穩當。

還有一種升官加薪的理由是跟主管說：「外面有人來挖我。」這招是險棋。首先，你要先確定外面的人要你，聘書拿到了，再回頭跟公司討價還價，免得兩頭空。

基本上，只要是好手，通常有人挖；反過來說，用「外面有人挖」來證明自己是好手，爭取公司重視，這也不失是一種好方法。但這招不能常常用，太常用會讓公司懷疑你的忠誠度，影響你的大好前途。

四十歲以上的人是公司的老鳥，如果又是協理階以上的主管，升官加薪不要自己開口，最有智慧的做法等老闆主動給，老闆給多少你就收多少，不主動也不推辭，隨緣隨喜。

如果你是公司的台柱，董事會一定不會忘記你，該給的一定會給你；如果你在公司裡沒有獨特功能，資深反而是負擔和風險，跟上面要求加薪升官，可能讓自己提早結束。

人在職場，自己開口要，永遠不如老闆主動給。不管你幾歲，不管你資深或資淺，把自己的工作做到部門第一或全公司第一，讓老闆發現你，主動給你，名利雙收，權祿皆有。

春節連假的最後一天，冬陽露臉，我到新北市九份走走，豎崎路的市況不如從前，但青石階梯和大紅燈籠依舊，遠方的碧海情天。人到高處，山水相迎。

佛家有一句偈語，「鑿池不待月，池成月自來。」謹此與大家共勉。

歸零才會贏

我最近資遣兩位資深業務人員，都是四十幾歲的男生，入行十幾年。當初僱用他們時，寄予厚望，都給了很好的底薪和頭銜。

一年四個月之後，這兩個老鳥的表現甚至不如入行一年的菜鳥，為了管理的公平和團隊的前景，只有忍痛殺掉。請人離開，從來不是開心的事。我自己一直思考，為什麼老鳥的表現遠遠不如菜鳥？

後來我發現，歸零的心態很重要。老鳥的習氣太重，用以前的套路做事；新手沒有過去的包袱，凡事從零開始，反而容易進入疫後市場的維度。

這兩年的新冠肺炎疫情徹底改變市場法則，進入新時代。新時代的業務有幾個特色：

①先有創意，才有生意。以前是賣曝光和版面的時代，大媒體的業務人員只

赤峰街的夜景　52公分×38公分

要陪客戶喝酒、唱歌，大概就可以簽回委刊單。

現在客戶只要花錢去買聯播網，就可以買到海量的觸及和受眾，媒體過去壟斷的流量和版面完全被替代了。業務人員必須有足夠的創意和執行力，才可以吸引客戶注意，創造足額的互動和轉換。

②每一次都像第一次。市場洗盤的節奏很快，隨時有競爭者切入，不要因為你跟客戶很熟，就隨便起來。每一次見面都像第一次約會那樣慎重，你的客戶和訂單才不會被搶走。

③顧好細節，才可完結。現在我帶業務團隊，比當年擔任總編輯更具有內容和觀點，每一個專案都有一個核心價值和說故事的邏輯，完全不輸給週刊的封面故事。一個影音節目的腳本，要修改五次、六次，才可以開拍。

每一個轉折和細節都要顧好，不然你就結不了案，收不到錢。

十月下旬，我面試一位二十七歲的業務人員。面試快結束時，她問我：「風傳媒的業務人員，需要具備什麼特質？」

我回她：「第一，熱情。現在的媒體太難做了，沒有熱情是不行的，撐不下去。第二，知性。你必須喜歡閱讀，才有能力在客戶面前說故事。第三，成長。希望這個月比上個月成長，這次的案型不同於上次，讓客戶和市場驚豔。第四，快樂，凡事正向思考。」

面試那天是週五。面試完我到台北市赤峰街散步、吃晚餐，夜幕徐徐低垂，天空仍有餘光，路上來來往往的靚女俊男，點綴著週末的台北風情。

留五分鐘的空檔給彼此

整個上午都在開會。接近中午，會議結束，我走出會議室，他在走道上堵住我，手上拿一份委刊單，請我簽字。我看了委刊單內容，簽名同意。這是第一次。

第二次，我訪客回來，剛把雙肩背包放好，人還沒坐下，他拿一份文件到我面前，請我簽字。我照辦。

第三次是中午十二點多，我剛進辦公室。他看到我進來，趕快拿一份合約過來，要跟我討論。

跟他討論完，我提醒他：「下次可否給我五分鐘的空檔？讓我喝水、喘息一下，不要逼這麼緊。」

有些同仁就是這樣，希望別人配合自己的節奏。

我在東森新聞雲工作時，會議超多（東森集團就是會議多、報告多）。有一

霧峰林家　52公分×38公分

次開完會，接近中午一點，回到座位，準備剝一顆茶葉蛋當午餐。茶葉蛋還沒有剝好，就有外勤記者拿差旅帳單請我簽字，一個接一個，大約有十幾個。簽完大約二十分鐘，我的茶葉蛋還沒有入口，饑腸轆轆。

東森新聞雲都是廿幾歲的小朋友，請他們給長官留五分鐘的空檔吃東西、喝水，他們聽不懂的，反而會覺得你這個長官很機車。

但風傳媒這位同仁三十五歲，已經是熟齡，應該多一些同理心，否則做業務會出問題。

我跟過很多老闆。我從來不會在老闆剛進公司就去敲他的房門。比較好的時機大約是二十分鐘之後，等他看完重要訊息，咖啡喝到一半時，再去找他，討論的事情很容易圓滿。

拜訪客戶也有竅門，提早五分鐘到，在會議室或會客室靜坐等待。跟客戶談話時，不插嘴、不搶話，耐心聆聽。

其實不只是老闆和客戶，同事和家人也是如此，留五分鐘的空檔給彼此。人與人之間，本來就需要一些空間和時間，留白很重要。不要把行程和空間塞滿。

大藝術家都擅長留白，畫不滿幅，書不盈牘。書聖王羲之的高明之處不只是字好，而是留白，看他的《蘭亭集序》和《十七帖》，黑字和白底之間完美的協調，有些字和行距甚至不是直的，有點歪斜，但整體就是瀟灑自然。

後世書家感嘆，右軍的點畫可臨，但空際不可學。留白是天分和經驗的加總。

幾年前我畫圖，常常把畫幅填滿。後來慢慢體會留白的重要，例如畫霧峰林家頂厝的景薰樓，刻意留下白雲和白牆，展現圖畫紙的質感，讓視覺有所停泊。

最艱難的顏色是白色；最高明的經營不是忙，而是不忙。從容不迫。

每一件事都是好事

他跟我遞辭呈，那天是六月三十日，他決定七月二十一日離職，完全符合勞基法。因為業務如火如荼，人手很緊，我問他能不能晚一點走？他斬釘截鐵說不行。

問他要去哪裡？他說：「這個我保留。」我再問：「是去同業嗎？」他說：「不算是。」

因為他的回答太玄，引起我的興趣。我從他的客戶和往來對象去打聽，高層有高層的交情和資訊，我很快就知道他要去哪裡。

他要去的地方讓我很意外。那是新冠肺炎期間海嘯第一排的某服務業集團子公司，子公司的總經理是女生。過去兩年多，基於雪中送炭的心情，風傳媒對該集團提供很多協助，包括派記者採訪、新聞露出，還有舉辦論壇的技術指導。我和那位總經理算是熟識。

花蓮文創園區　52公分×38公分

正因為如此，她偷偷摸摸地挖我的人，完全不跟我打招呼，很不磊落，讓我不太痛快。不過意外歸意外，我也不動聲色，妳不找我，我不找妳，要挖就挖吧。

同仁被挖角，我有兩種因應方式：

如果是公司的靈魂人物，我全力捍衛。通常我的做法是對方出多少？我就出多少，並且再加一成，該升官就升官，用力把人留下來。有的人一旦離開，要補很久才補得回來，甚至永遠補不回來。

如果不是靈魂人物，適度慰留之後，要走就放手吧。我馬上拉一個年輕女生來補位。業務這條路，只要年輕、漂亮、聰明、勤快，很快就可以上手。

從七月到現在，業務部的業績不受影響，維持高仰角的成長趨勢。

只要正向思考，積極作為，所有的變動都可以化解，並且促成組織的新陳代謝。每一件事都是好事。壞的因，可以轉成好的果。

中秋節前夕，那位女總經理送來一份月餅，月餅提袋貼著一張字條，上面寫著六個字「謝謝社長照顧」。

幾經考量之後，我請同事退回。這份月餅不能收，收了等於我接受她的行徑。事情沒有那麼簡單，江湖有江湖的規矩，適度表態是必要的，以免再犯。出來跑，總是要還的。

每年入秋之後，我都會到各縣市走走，拜會地方首長。行程緊湊而忙碌，但仍有空檔，看暮色，逛夜市，在火車上欣賞蔚藍的花東海岸。

這次，我在花蓮市有兩個多小時的空閒，趁機到花蓮文化創意產業園區散步，遠眺中央山脈的秋意和秋雲，體會季節變幻之美。

二軍

我在屏東出差，他剛好休假回屏東。我們一起吃早餐。

他在某大企業待了三年多，力爭上游，一直跟主管爭取歷練不同工作的機會。但是主管一直把他擺在原地，薪水三年沒動。

他問我：「如果主管一直不理我？接下來該怎麼辦？」

我說：「看起來，在主管心中，你是二軍，不是一軍。」

公司的資源有限，通常主管都會把部屬分為一軍、二軍，甚至三軍。一軍是主管最得力，最信任的部屬，能夠幫主管打天下，解決問題。主管手上的資源，例如開創新商模或加薪升官的機會，通常是一軍優先。

二軍通常只有一種專長，成長空間不高，通常主管會把二軍擺在原地，維持現狀，不出亂子就好。

三軍就是表現低於平均值的人，如果要公司要汰弱留強，就是在三軍裡挑表

勝利星村　52公分×38公分

現最差的人，處理掉。

想要檢驗自己在公司到底是一軍或二軍，有兩個觀察指標：

第一是斜槓歷練的機會。公司要開創新局，一定是派最強的人去登陸搶灘。主管調你去新部門，而且給足資源，全力支持，那你肯定是一軍，必須好好把握。

如果你主動爭取調任新職，主管遲遲不決定，這表示主管不信任你的能力，怕你搞砸。那你大概就是二軍了。

第二是爭取加薪。這招有點激烈。歲末年終，你可以跟主管爭取年度加薪，如果主管很快答應，而且加薪幅度符合你的期待，那你肯定是一軍，你對公司有價值，主管很怕失去你，必須先擺平你。

如果你爭取加薪，連續兩年或三年都紋風不動，不用懷疑，你一定不是一軍，升官加薪沒有你，待下去不會有什麼前途。

我跟那位屏東的朋友說：「你現在的主管不太在乎你，如果外面有新的工作機會，不妨認真談。你需要新的機緣。」

對於年輕人而言，最珍貴的資源是時間，青春只有一次。如果在原單位待了超過兩年，都沒什麼機會，不要留戀，積極找新工作吧。

換工作和換愛人一樣，都要趁年輕，老了就換不動。

吃完早餐，我堅持付帳，從來不會讓年輕的朋友買單。握手告別，已接近中午，我在勝利星村散步，很多網美在拍照，流光倩影。青春真美好。

先給再要求

那年春天，企劃主管跟我遞辭呈，找誰接手讓我煩惱好幾天。後來我決定內升，給年輕人機會。

她三十歲出頭，做事很俐落，人和也不錯。我找她談，問她是否願意歷練管理職？她說：「我有超過六十%的意願試試，可否讓我回去想一個晚上？我明天答覆您。」

隔天，我們再談一次。她問我：「總經理，我們昨天沒有談到薪水，我接企劃主管，可以加薪嗎？」

我反問她：「妳希望加多少？開一個數字給我。」

她傻了一下，答不出來，過了幾秒鐘，她說：「依照公司規定，或者總經理決定。」（這是非常聰明的回答方式，開多了，怕我不高興；開少了，自己吃虧。）

木棉花　52公分×38公分

我說：「擔任管理職，妳會失去一些東西，例如自己的時間，帶人辛苦，很傷神。原則上，第一年我會給妳加薪二十五%。看妳的表現，第二年再加。這樣可以嗎？」

她說：「這樣很可以。」

我說：「提拔一個人，一定是先給再要求。如果不先給，我怎麼要求妳？妳會鳥我嗎？」

她微笑沒答話。

我說：「關於管理這件事，人是最艱難的，錢是最簡單的。如果給錢可以解決問題，通常我很樂意給。加薪一定讓妳有感，讓妳覺得付出是值得的。」

她問我：「談到人，有幾個資深業務人員很難搞。請問，我要怎麼跟他們相處？如果我出的企劃案一直被他們退？要怎麼辦。」

我說：「管理有兩個狀態，一個是『日常』，很多煩鎖的事；一個是『日難』，很多困難的事，你沒碰過的。關於日常，請你處理好；關於日難，我跟你一起處理，不會讓你孤軍奮戰。新主管就像新業務，一定要有人帶，沒人帶會陣亡的。前半年我會帶妳，讓妳進入軌道。」

管理是一種性格，方法其次。只要具備性格，方法都可以學會；不具備管理性格，怎麼教都教不會。好的領導性格就是簡單、徹底、無情。挑一個新手主管，就是要挑這種性格的人。

後來，她擔任管理職很快進入狀況，現在已經是媒體的中生代主管，明日之星。

我還記得跟她第一次談完的黃昏，開車經過台北市羅斯福路，看到滿天綻放的木棉花。那是一個動人的黃昏。

九十%的時候要說「Yes」

他是某縣市政府的高階主管。因應二〇二二年十一月九合一選舉的需要，該縣市首長調整隊形，打算把他調到另一個局處。那是完全陌生的領域，他有點猶豫。

他是台大畢業的，清明節連假我們在台大校園喝咖啡。約在大學校園最大的好處，就是可以感受單車、學生和鳥語花香，喚醒我們的活力和初心。我們認識很久了，我剛認識他時，他是科長。

我問他：「老闆要調整你的工作，你可以說No嗎？」

他說：「原則上不可以說No，但老闆讓我考慮幾天。」

我說：「如果你考慮幾天之後還是必須說Yes，我建議你很快說Yes。反正伸頭一刀，縮頭也是一刀，乾脆一點，讓老闆覺得你很有勇氣。」

我再補充說：「老闆找上你，九十%的時候要說Yes。再怎麼難的工作都要

台大校園　52公分×38公分

說Yes。剩下的十%的機率說No，只有身體因素，只有生病需要休養才可以說No。」

他說：「老闆要我去的領域，山頭林立，地方勢力割據，很難搞的。」

我笑著說：「難的工作才會輪到你啊！簡單的工作早就被別人拿走了。基本上，老闆找你跳火坑，你起身向前，做好了是贏，賺到名聲；做得不如預期也是贏，賺到經驗和老闆的信任。老闆會記得，市場也會記得。像我們這樣的人，吃苦當吃補，受傷就是授階，身上所有的箭傷和刀傷都是成長的動力。」

二〇〇六和二〇〇七年我在錢櫃工作，公司派我去中國大陸展店，上海、北京和台北三地輪流跑，舟車勞頓，非常辛苦。現在回頭想，那是非常珍貴的跨境工作經驗。

二〇〇九年我在商周集團，公司希望找一個懂編務的人去做業務，挑上我，第一年苦不堪言（很多人認為我會陣亡），後來慢慢順化，做出成績。現在我是媒體圈少數橫跨編務和業務的人。

這兩次職場轉折，被詢問時，我都是當場就說Yes，乾淨俐落。因為我知道一旦被選中，躲不掉的，不要敬酒不吃，吃罰酒。

回頭談談我的朋友。他的老闆要競選連任，每一個縣市首長背後都有一個團隊，戰場上的缺口一定要有人去填補，用肉身去擋。不填補，首長可能落選，首長一旦落選，一大群人接下來都要找工作。覆巢之下無完卵。

那天談到最後，我鼓勵他：「設法樂在其中。所有的努力都會留下痕跡。厲害的男人做什麼都厲害，漂亮的女人穿什麼都漂亮。」

不扛又不服

她是某公司的超級業務員。那年上半年，業務部主管離職，老闆找她談，希望她接業務部，幫助公司挺過新冠肺炎的艱難歲月。

她考慮兩天之後，婉拒了。原因之一是她不想改變自己的生活步調，她不想放棄每週二、四晚上的瑜伽課和週五的電影。原因之二是她只想揹個人業績，不想扛整個業務部的團體業績。個人業績和團體業績完全是兩件事，帶團隊是辛苦的。

兩個月之後，老闆找來一位新的業務主管，那個業務主管也是女的，年紀比她小兩歲。

新主管到任時，對她客客氣氣，因為她是公司的業績王。她有點看不起新主管，反正就是不服氣。

後來兩人有一些摩擦。接下來，她的日子開始難過了，新主管動手拆她的管

瑞三整媒廠　52公分×38公分

區，分給其他同仁。

我曾經帶過她。她跟我訴苦。

我說：「妳要怪自己。當初這是妳的機會，妳應該挺身而出，扛下來。妳當初不扛，後來又不服，種下禍因。」

她問我：「接下來怎麼辦？」

我說：「妳有兩條路，第一是跟新主管輸誠，宣示效忠，服犬馬之勞。第二是去外面找工作，憑妳的業績，一定有人會收妳，不過你要慎選去處，新公司不見得比舊公司好。妳這麼多年在舊公司順風順水，已經習慣了。新公司的人和環境，妳都要重新適應。」

她接著問：「如果我不輸誠又不離職，會怎樣？」

我說：「通常有兩種做法。第一是慢慢把妳邊緣化，肢解妳的管區，降低妳的重要性，到最後妳會自己離職。第二是盡快找到替代妳的人，等部署完成時，就請妳離開。」

很多中生代都有類似的狀況，沒有承擔，不想改變自己的生活樣態。等到組織產生變化時，進退維谷，後悔莫及。

講真心話，我希望她去跟新主管輸誠，好好過日子。但女人和女人之間的心結很難化解。法國國王路易十四說過：「維持兩個女人之間的和平，比維持歐洲的和平還困難。」

跟她談完之後，天光尚早，我開車到新北市的猴硐，參觀瑞三整煤廠。新北市觀光旅遊局花三年的時間整修這裡。我特地走過運煤橋，在河邊眺望，彩霞依偎著遠山，路燈和廠區的燈光亮起來。這是一天最美的時刻。

加薪六十%之後

他被某家公司挖角，對方開出很好的條件：擔任副主管，月薪增加六十%。他找我談這件事，我們約在台北市長安西路的滿樂門喝咖啡。

他問我：「您覺得我該不該答應？」

我說：「正常人都會答應吧？尤其是對你這種四十歲、力爭上游的男人來說，這樣的條件應該具有致命的吸引力吧！」

他微笑點頭，眉宇之間有一點得意。

我提醒他：「現在的重點不是加薪六十%，而是加薪六十%之後，你的考驗就開始了。你現在應該擔心。」

他的笑容僵住了。

我接著說：「第一，擔任副主管，這表示你沒有完整的實權，你上面還有一個正主管，他點頭，你才能夠做事。第二，加薪六十%，幅度遠超過市場行情，

滿樂門　台北市長安西路　52公分×38公分

這表示對方有一個很迫切的問題需要解決，才會開出這樣的條件。接下來，你要做三件事。」

①報到第一個月，你就必須很厲害。通常新人或新主管都有三個月的蜜月期（或稱為緩衝期），但你沒有，因為你加薪六十%，所以你必須拿出即戰力，第一個月就必須展現實力，幫公司解決問題。

我記得二〇〇二年台灣《蘋果日報》創立時，從各大媒體高薪挖角十二個人，擔任各中心的副總編輯，這些人的月薪分別增加五十%到一倍。報到之後開始受訓，不到三個月，就有兩個人因為「表現不符預期」而被資遣，新工作沒了，又不能回原單位。高薪必然伴隨高風險。

②你厲害的方向必須和老闆想要的方向一致，不要搞錯方向。管理職和非管理職最大的差別就是政治正確，你必須很清楚老闆在想什麼。

③不要急著報到。僱主一定希望你盡快報到，最好今天在原單位離職，隔天就到新公司報到，無縫接軌。那是最蠢的。

換工作的空檔是休長假旅行的最好機會，晚十天或半個月報到，不會怎樣的，對方一定會等你。報到之後風風火火，可能一整年都沒辦法好好休假。先休先贏。

我不太確定我講的話，他能夠聽懂多少？能夠做到多少？那是他的際遇，也要看他的福分。我只能幫到這裡。

那天下起午後雷陣雨，咖啡廳二樓外推型的法式窗戶，窗外轟隆的雨聲和搖曳的樟樹。

滿樂門是一九三〇年代的巴洛克紅磚建築，磚塊來自台灣磚窯場（TR），華麗的山牆與圓斗。隔壁是檜香四溢的「林田桶店」。這是台北市最有風韻的街角。

祝妳幸福

今年春節後，她常常請半天假，多半是星期一或星期二。我感覺她可能在外面找工作。金控或企業集團的人資很習慣在週一或週二面試新人。

六月中旬的某天中午，她來找我，她說：「您今天下午有空嗎？我想跟您聊聊。」根據我的經驗，這種語氣就是要提辭，她要換工作了。

進會議室，坐下來。我直接問她：「妳要去哪裡啊？」

她說：「我要去某金控，工作內容是品牌和行銷。我在風傳媒待了三年半，接下來想去金融業發展。我花了一些時間補習，考取證照，應徵好幾家投信、銀行和金控的工作，現在終於考取了。我決定一個月之後去新公司報到。」

她今年二十七歲，很有想法，做事很細膩（每天都要化妝一個小時才出門上班，很像日本女生）。

問她新工作的加薪幅度？還好，完全在我的權限內，我也可以馬上加同樣的

黃金雨 宜蘭縣員山鄉 52公分×38公分

薪水給她，甚至更多，設法留下她。但我沒有這樣做。

我覺得重點不是錢，重點是生涯規畫。接下來她不想再做媒體人，她想成為金融人。這種命題沒有麼好討論，接受她的辭呈，好好請她吃頓飯（她指名要吃驥園的砂鍋土雞湯），祝她順順利利。

兩年前的六月，我們有一位非常優秀的業務同仁被另一家金融機構挖走，轉行去做行動支付業務。後來我慢慢有三點覺悟：

①培養人才是主管的天職，但培養人才和人才是否要留下來跟你長期奮鬥，那是兩件事。如果年輕人有自己的生涯規畫，多數情況只有尊重。相處本來就是緣分。

②人才是社會的，不是某家公司專屬。人才是供需決定的。經營者努力提升公司體質，一旦有了品牌和獲利，人才自然回流。

③人才一定要有備份，並且把核心工作拆給三個人做，免得一個人離職就動搖國本。策略和組織才是公司的重心，不要把資源和產能押在一個人或兩個人身

上。

跟她談完的第二天，她拿離職單給我簽字（真是去意甚堅啊！），我順勢簽字，交回給她的同時，我說：「感謝您這三年半的努力和付出，祝妳幸福。」

再隔天，我陪客戶到宜蘭縣走走，在員山鄉看到夾道盛開的阿勒勃，滿天的黃金雨。六月是畢業季節，也是告別的季節。

工作很煩　不工作更煩

念高中的時候，準備大學聯考，背英文字典，練習三角函數，讀《古文觀止》……壓力很大。

有一次我跟班導師抱怨：「讀書很苦啊！」

導師回答：「讀書很苦，不讀書更苦。」

後來我考進名校名系，畢業之後進大企業工作，逐步向上。老師講的話是對的。

這幾年景氣不好，工作很辛苦。我有一些同學已經從法院、公務機關和企業集團退休。

最近幾次聚會，我跟他們說：「工作很煩啊！」他們異口同聲說：「工作很煩，不工作更煩。我們太早退休，現在每天沒事幹。」

一個月之後，我徹底體會他們說的話。那天我請特休假。清晨起床，從景美

臭豆腐　38公分×26公分

女中跑步到深坑，跑了十公里，滿頭大汗。

我在深坑老街閒逛，沒什麼遊人。我挑一家店吃早餐，吃了臭豆腐和桂竹筍。之後走到一〇六縣道，準備搭公車回家。風和日麗，老街口的大榕樹輝映著紅磚樓。

有一個歐吉桑也在等公車，等了十來分鐘，我們用台語聊了起來。

他六十歲（小我一歲），幾年前從金寶電子廠退休，現在整天沒事。他打算搭公車到木柵老街走走，買一點蔬菜和水果。

我心裡想：「從深坑老街到木柵老街走走，這個行程有點單調。木柵的蔬菜水果不會比較便宜，搞不好還是從深坑運過去的。」

我們坐上公車，沒座位，彼此都站著，到了文山區公所，他跟我揮手，然後下車。我目視他的身影走遠。

那是上午九點，木柵老街的範圍很小，可能一個小時就逛完了。我不知道十點以後，或者中午以後，他要幹嘛？一天的時間很長，一個月和一年的時間更長。

我很確定，如果過那樣的生活，我一定會瘋掉。我要多工作幾年。再過幾年，如果沒有全職的工作，兼職也可以，上半天班，或者一個星期上班三天都可以。

再老一點，可以去小學當志工，課後輔導，教小朋友英文、作文，或者教書法和繪畫，也可以教吉他或管樂。反正一定要有事情做，這樣老得慢。

かわせみ
MAQ
白兎
奈良 三條通 王學呈 12/18 2022

2 商道

商場無常。無常即是日常。

走入商道，眼光重於一切，有心不如無心。

無心之心，以生活為本，往往可以掌握市場先機。

三條通　奈良　52公分×38公分

和服的美麗

客戶想做一個週年慶專案，要我報價給她。那是一個工序複雜、有文章、有影音和現場活動，工期超過三個月的專案。我們內部再三評估之後，我報價新台幣一百五十萬元的專案價給她。

她打電話回我：「社長，別人的報價比你低很多吔。」

我問她：「是喔？我可以請教別人報多少嗎？」

她說：「我不能告訴你。但是他的報價真的比你低很多。」

我問她：「他的報價比我低，可是，你確定他可以做出跟我一樣的質感？品質很重要喔！」

電話那頭一陣靜默，接下來我們寒喧幾句，結束對話。

後來那個案子被別家拿走。我側面去打聽（那個集團我很熟，線民很多）那個案子最後的成交價，真的很低，難以想像。扣掉直接成本之後，那個同業可能

賞櫻　52公分×38公分

只賺到現金流去付薪水和房租水電，完全沒有淨利，白做工。

媒體產業過度競爭，真的有同業只賺現金流。可是那樣的案子做出來不會有品質，變成惡性循環。擅長低價搶案的同業，通常愈做愈小，最後收掉。我看過很多案例。

我常跟客戶說：「你不能付我TOYOTA的預算，要我做Mercedes-Benz給你。Benz就是Benz，TOYOTA就是TOYOTA，那是不一樣的等級。如果彼此有誠意，至少你要付LEXUS的錢給我。我可以少賺，但我不可能不賺。」

市場低迷向下的時候，不應該從眾殺價，那是不歸路。但有些同業因為現金缺口，不得不低價接案，那是很可悲的做法。正確的做法是反向做有特色、有品質的事，建立產品差異和品牌高度。市場永遠缺創意，好的產品永遠有人要，好的產品才會被記得。

過去幾年的春天，我常常到日本賞櫻。很多女生賞櫻的時候刻意穿當地的服裝，營造情境，有人穿浴衣，講究的人穿和服。同樣都是和風，但浴衣不是正式的和服，和服有襯衣和腰繩等配件和細節，質感和價位完全不同。

和服的美麗和雅緻不是浴衣可以比擬的。漂亮的女生應該穿和服，雖然麻煩，儘管昂貴，但是人生有幾次在日本景點穿和服的機會?應該把握時機，盡情美麗。人與花俱紅的時候，非常有限。

八十五分勝一百分

我的車內音響右前方喇叭有雜音，回原廠維修。取車時，我跟維修技師蕭斯英說：「我今年可能換車，打算把車內音響等瑕疵都處理好，再轉手。」

蕭斯英不表同意。他說：「王先生，您真的不用這樣。新車要完美，舊車只要堪用就好。舊車一定有瑕疵，不可能做到百分之百完美，不影響行車安全即可。您在乎的細節，例如音響、輪胎鋼圈刮傷等等，接手的人不見得在乎。您如果要把這些瑕疵都整理好，可能搞不完。舊車只要維持八十五分的車況就好，不要追求一百分。」

我問他：「那我賣車時該怎麼處理？」

他說：「建議您把所有的瑕疵列一張清單，清楚告訴買方，然後雙方協議車價要折讓多少？例如車子鑑價是九十萬元，看您要折幾萬元給對方。」

八十五分是實務震盪之後的思維。人生和職場不一定要時時刻刻追求一百

茶花　52公分×38公分

分。有時候八十五分勝過一百分。

對於企業經營者而言，成長和獲利目標的設定，應該不是一百分，而是一百一十分或一百二十分，目標要高訂十%至二十%，萬一景氣轉折或對手低價競爭，打個折，還可以維持九十%以上的業績數字。

但在經營的當下，時間和資源的分配不應該是一百%，最多八十五%，經營者一定要保留十五%的餘裕，以便處理危機，或規畫未來，就像軍隊的指揮官，手上一定保有預備隊，兵力不可以百分之百投入前線。

二〇〇六年和二〇〇七年我在錢櫃集團工作，全台灣有十六個門市，一萬四千多個包廂。KTV的經營者不可以太忙，心情和時間要保留餘裕，因為門市常常有狀況，例如酒客打架，甚至有黑道開鎗，還有店面每年的租金協調等等，經營者必須騰出手來，處理這些事情。當年我們保有餘裕從事研發，升級餐飲和點歌系統，超越同業。

優秀的店長通常很從容，指揮若定。那種看起來很閒，而且業績很好的店長，這表示他知道怎麼用人，如何分配資源，這樣的人通常是區經理或長字輩的人選。

這幾年，我看過一些時時刻刻追求一百分的年輕人，當危機出現時，因為無力轉身而被擊倒；或者因為長期過勞，身體出問題而提早退場。

最近陽明山的茶花漸次綻放。臘月上山看茶花，是歲末的儀式。花開八分最美，盛開就是凋零的開始。

放大快樂　縮小哀傷

我陪客戶坐火車去花蓮。客戶包了整節車廂，我們在車上談生意，對方是集團老闆帶頭談，高階主管都在車上。那是新的商模，彼此的需求有差距，大家意見很多，談了兩個多小時談不攏，很多細節有待釐清。

我們在花蓮吃午餐，簡單參訪，回程在火車上繼續談，到了台北還是談不出結果，從天亮談到天黑。那是三月下旬的事，真是燒腦的時節，疲憊的旅程。

其實，那趟旅程不是只有煩惱，也有美好的片刻，例如火車行經北關時，窗外的明媚大海和秀麗的龜山島；在花蓮午餐之後，欣賞阿美族少男少女的豐年祭舞蹈，原鄉的氣息和活力。

現在回想，火車上的繁瑣交談已經逐漸淡忘，但是美景和舞蹈依然清晰留在腦中，成為仲春的溫柔註腳。

這個娑婆世界永遠黑白交錯，悲喜交雜。順境的時候，仍有小小的風雨；逆

豐年祭　52公分×38公分

境也有美麗的花開；好公司有壞人，壞公司也有好人。我們唯一可以做的，就是盡可能放大快樂，縮小哀傷。凡事正面思考，正向作為。這是人生和職場的修煉。

舉例來說，有人在職場因為一次或兩次表現不好，或者因為跟長官不對盤，被冰起來。被冰起來不見得是壞事，積極的人趁這個時候去進修，拿到碩士學位，武功升級，被另一家公司挖走，從此飛黃騰達。從因果的角度來想，好像應該刻一個匾額，感謝那個把他打入冷宮的長官。

情場也有類似情境。以前我在某個網路媒體帶過一個A男，苦追公司裡面一位C美女，跟前跟後，始終追不到手，這成為他心中的哀傷。後來那女生跟另一個B男在一起，但沒多久，就把B男甩了，B男失魂落魄。得而復失，比從來沒得到過更痛。

我後來跟A男說：「算你命大，她沒看上你，你的短暫哀傷算是小攤的。你看看B男，多慘啊！」

人生的路途很長，禍福很難界定。有人因為在職場鬥爭落敗而浴火重生，有人因為沒被美女看上而躲過一次沉淪。

反過來說，正因為人生的不可知和不可測，未知的旅程充滿各種可能，這是生而為人的挑戰和樂趣。

那次的花蓮火車會議，經過三個星期的琢磨之後，後來水落石出，商模有了雛形。錢財聚散無常，這正是商場迷人之處。

無常即是日常

他是我十幾年前帶過的同事，現在是某媒體的副總。這幾年媒體非常艱難，他找我聊聊。他住三峽，週六下午，我們在三峽喝咖啡。

他問我：「媒體愈來愈難做，收入拉不動。怎麼辦？」

我問他：「難做是事實，公司營收和個人收入都不容易成長。你有任何打算嗎？例如轉去企業集團做公關或行銷，這幾年很多人都改行了，有些人成功轉型。」

他說：「我覺得我的個性不適合做公關。媒體還是比較適合我。」

我說：「基本上，這個世界還是需要媒體。但是，你想繼續待媒體，也要媒體需要你才行。你已經幹到副總經理了，某種程度要承擔公司的命運。公司的困難，也是你的生涯困境，必須設法解決。」

這話有點重，他一時接不上話。遠方丘陵，一簇一簇的白色桐花盛開。

北埔的黃昏　52公分×38公分

我接著說：「新媒體的流量經濟學是錯誤的方程式，你投入流量的成本永遠無法等值回收。流量愈大，虧損愈多。網路媒體最大的困難是轉換率和變現能力。內容很重要，流量是基本門檻，但真正的關鍵是產品。產品的變現能力是命脈。」

他說：「我們也有產品，但市場無常，很難捉摸，有些產品就是無法產生收入。」

我說：「無常即是日常。做生意有困難時，就去日常生活裡找尋機會。眾人的生活總有最大公約數，其中必有缺口，那個缺口就是商機。生活就是生意。」

商機的掌握不是絕對的，而是相對的。只要你掌握得比多數同業精確，市場資金就會流向你，排名第一的公司可能拿走四十％的市占率，排名第二拿走二十％，排名第三取得十％，第三名以後的公司註定要賠錢。

產品無法變現，通常有兩個原因，第一是產品和市場需求之間有距離，第二是產品的品質和價格比不上同業。

我提醒他，日常是一種常態排列，只要超越同業，擠進前三名，公司就有存活價值；個人的競爭力也是如此，同樣是副總經理，如果你是市場屈指可數的優質副總，一定有人請你做事，假以時日，你會變成總字輩或長字輩。

這話不難聽懂，但很難做到。做永遠比說難。

喝完咖啡，我們告別。我沿著省道台三線向南，一直開到新竹北埔。黃昏的北埔小鎮異常恬靜，女裝店前停放的機車映照夕陽，拉出斜斜的長影。

不要浪費每一個危機

週日下午，我在書房喝咖啡，兒子坐在附近的電腦前開視訊會議，他講的每一句話我都聽得清清楚楚。

兒子是小學的班導師，學校因為疫清封城，已經停課三個星期，改為遠距教學。兒子白天到學校視訊教學，晚上回到家，透過電話跟家長（大部分是媽媽）連繫，掌握學生的受課實況和作業進度。晚上常常聽到他講電話。從白天工作到晚上，每天都超時工作。

遠距教學比現場教學辛苦多了，因為沒辦法面對面，無法當面盯進度。通常學生功課落後有三個原因：

第一，硬體不足，例如沒有足夠的載具，爸媽和小孩都待在家裡，桌機和筆電可能不夠用，頻寬可能也不夠，語音遲延，視訊影像跑不動。

裸女　38公分×26公分

第二，小朋友和家長不熟悉軟體操作，作業繳不出來。

第三，小朋友懶惰，上課隨便，不交作業，爸媽也怠惰。大人和小孩一起在家裡打混。

疫情期間，連小孩的世界都變得如此艱難，更何況是大人。以前面對面都無法成交或採訪的對象，現在變成遠距，困難加倍。如同武俠小說所說的，百步之外要取人性命，一定要上乘的武功才行。

遠距成交，通常取決於三個要素：

第一，品牌的高度和溫度。

第二，彼此的信任。信任是長期累積出來的。因為信任，所以對方願意開啟並閱讀你的E-mail，進而打開遠距裝置，跟你對話。

第三，絕佳的創意。創意必須落地，幫客戶解決問題，才有意義。

不要浪費每一個危機。危機都是練功晉級的好時機，例如線上活動的核心價值和運作邏輯，每一個項目的節奏，還有整體的互動和多元，這些都需要細心規畫和耐心演練，就像我兒子和學生家長的對話。

這次的疫情比去年更嚴厲，生活和工作變得更破碎，我經常利用零碎剩餘的時間，拿起鉛筆，練習人體素描，紓緩焦慮的情緒。有朋友問我：「你打算畫多少幅啊？」我回答：「可能五十幅吧？甚至一百幅。」線條是繪畫和畫法的基本功，練習永遠不嫌多。

生活和工作本來就不是偉大的成績，那只是默默努力的痕跡。

七分實力　三分演技

我到雲林縣出差，順路到斗六市跟他聊聊。他是三十歲的年輕老闆，經營咖啡餐飲事業，這幾年生意蒸蒸日上，聘用的員工愈來愈多。

我問他：「五年前你的公司只有十幾個人，現在多了好幾倍。你現在的管理跟五年前有什麼差別？」

他說：「以前我只要默默把事情做好就好。現在除了把事情做好之外，還必須做出個樣子，讓所有的員工看到，讓他們知道我的意圖。例如我提拔一個人當主管，必須讓大家知道為什麼是他？公司對他的期待是什麼？」

我說：「以前只要做就好，現在還要演。公司人多之後，老闆除了會做，還要會演。」

在大企業，以及人多的公單位，高階主管都是七分實力、三分演技。開會的時候演，罵人也是演，罵出個樣子就好，讓大家知道事情的嚴重性，不要真的動

斗六的欒樹　52公分×38公分

氣，動氣傷身體；不要做人身攻擊，人身攻擊會有後遺症。

做要用力，演要誠意。真情真義才能夠成就事業。

做是讓公司的產銷進入一個軌道，進入軌道之後希望形成慣性，有時就要演戲，維持動能。高階主管最重要的工作就是塑造一個磁場，讓團隊有效運作。

對內演，對外也要演。產品力很重要，行銷力也很重要，品牌和營運都需要包裝，高階主管都是公司的超級推銷員和品牌大使，既是良將，也有賣相。

舉例來說，對外爭取預算的公標案，或者對民間企業的提案，都是一場表演，從提案內容到現場簡報，評審是哪些人？內審有幾位？外審有幾位？都要打聽清楚，據此排定合適戲碼，然後派出口條好、儀態佳的人去簡報。

如果能夠順利拿到預算，那當然最好。即使拿不到預算，也希望讓客戶留下好印象，靜待風月，再結來緣。

那天跟年輕老闆聊完之後，我開車從斗六駛向古坑，再往嘉義的梅山、竹崎、番路和中埔移動，欣賞省道台三線南段的山林之美。

途中，車上收音機響起歌手黎沸揮唱紅的那首《說走就走》，那是一九九四年的歌曲，那年我三十二歲，跟咖啡館年輕老闆相仿的年齡。歌聲伴隨路旁一叢叢的欒花晃動，白雲飛揚，年輕騎士的機車從我車旁呼嘯而過。

走看人生，闖盪江湖，我們說走就走，一路都有動人的節奏。

唐伯虎

我臨摹唐伯虎的《落花詩冊》（三十首七言律詩）。從二〇二〇年的十月開始，到二〇二二年的一月，每天練一個小時，花了十六個月，臨摹十三次，才稍微上手，有七分像。

我從來沒有臨摹一個名家的字，花這麼長的時間。我之前臨歐陽詢、趙孟頫、智永的字，大約三次就入帖。王右軍（王羲之）的字稍難，但他的《蘭亭序》和《十七帖》，大概五次練熟。

唐伯虎的字難在沒有章法，只能意會。歐陽詢的字，法度森嚴，有方法可循；趙孟頫的字，很容易找到重心，可以寫得四平八穩。這些在朝名臣，做事和寫字都有一套方法論，可以學習並推廣，形成一個流派。

唐伯虎是才子，他十九歲參加應天府（南京）鄉試，得第一名解元，此後無意功名，在民間過風流自在的日子。他的字跟他的人一樣，才氣縱橫，天馬行

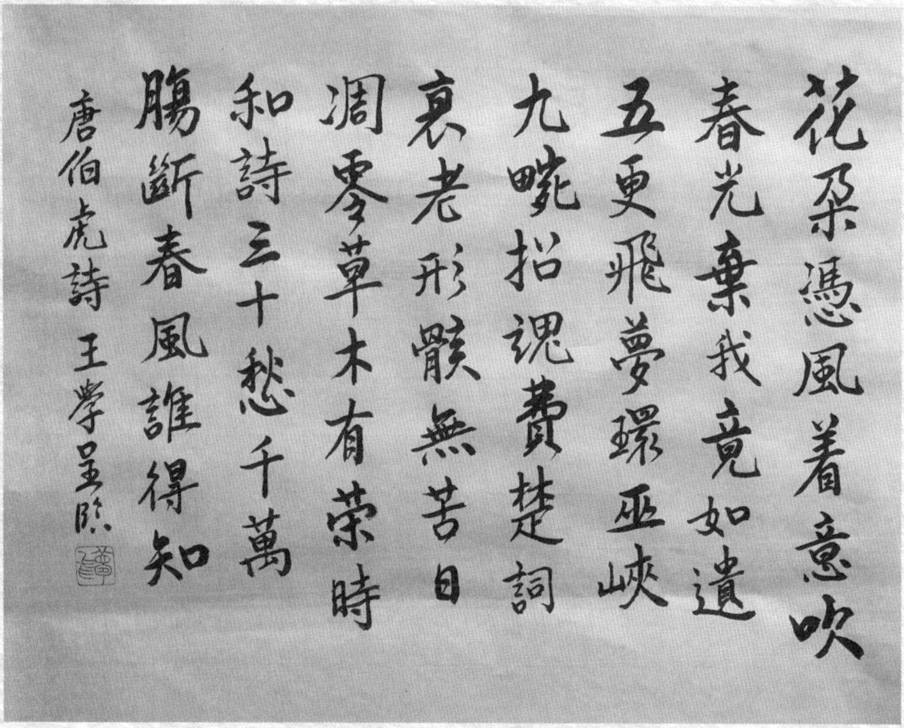
花朵憑風着意吹
春光棄我竟如遺
五更飛夢環巫峽
九畹招魂費楚詞
衰老形骸無苦日
凋零草木有榮時
和詩三十愁千萬
腸斷春風誰得知
唐伯虎詩 王學呈

空。臨他的字，一個不小心，就支離破碎。

還有一個才子的字也很困難，那就是蘇東坡。蘇軾的字是無為而為的自在天真，蘇軾說過：「我書意造本無法」。讀他的《寒食帖》，慷慨跌宕，不知如何下筆。書法界的前輩勸戒我，不要隨便臨蘇字，入山難，出山更難。

企業和帝國成立之初，通常仰賴才子型或大俠型的人，用現代的語言來說，就是所謂的超級業務員、天才寫手、電腦程式金童等等。這些人搶灘打天下，個個頭角崢嶸。

企業成立的前幾年，這些人的產值可能占七成以上。企業仰賴他們的武功，也忍受他們的不羈。企業早期就是叢林法則，個人英雄主義。

如果企業一直停留在叢林時期，永遠大不起來，永遠不會賺錢。或者說，超級員工賺錢，但公司不會賺錢。

要扭轉這種形勢，只有一種解方，那就是建立制度和組織，用策略取代武功，以團隊超越英雄，降低超級員工的重要性，讓標準作業流程（SOP）和團隊的產值占七成以上。所有的大公司都是品牌力和產品力超越個人魅力，每一個人都可以被替代，但組織不死。

用書法的語言來說，歐體、趙體和右軍字為什麼能夠傳之久遠，變成通用字體？因為有SOP可循。例如日本的街道招牌，二王（王羲之和王獻之）當道；香港的招牌，流行魏碑；台北的商業文字，早年的主流是柳公權的字，現在以歐體居多。

團隊可以不斷培養，而才子不世出，無法複製。就像蘇東坡《寒食帖》裡的文字，「年年欲惜春，春去不容惜」，這種兼具文采和禪思的佳句，只有蘇東坡寫得出來。千年以來，只有一個蘇東坡。

穿衣看袖口　吃飯看茶酒

二〇一八年十一月，我到日本九州坐火車兼寫生，五天四夜的行程。我在博多搭乘特急音速（Sonic）列車，外觀像藍色的鋼彈超人，內裝是暖色系，座位的頭枕是米老鼠的耳朵，非常可愛。列車駛往別府。

因為是非假日，車上的旅客不多，暖暖的秋陽從窗外灑進來。有一個日本年輕OL坐在我的同列，我們中間隔一個走道，她穿深藍色套裝，很自然的妝容，典型的日本上班族，我注意到她的袖口，白襯衫的袖子比西裝長半吋（大約一點三公分），完全標準的西裝穿法。

年輕的OL能夠有這麼典雅的袖口，很少見，這是高管的穿法。可能她的父親是高階主管，從小耳濡目染；或者她在很大的商社工作，公司有很嚴格的dress code（著裝規範）。

穿西裝最難的是袖口，不只是袖子長度，袖口還要燙得平整。通常白襯衫一

火車上的日本OL　38公分×26公分

年到一年半就要換掉，因為袖口不再純白。看一個人穿西裝是否到位？看他的袖口就知道。

我們出來混，穿衣看袖口，吃飯看茶酒。請吃飯，桌面上的菜色固然是重點，有魚有肉，葷素俱全，但真正的門道要看茶酒，喝的茶如果是班章古寨的普洱茶，喝的酒如果是八大酒莊好年份的酒，這頓飯就有誠意，也有話題了。

配菜和口味是廚子的本事，但茶酒就是主人的涵養了，別人無法代勞。一壺茶或一瓶酒的價值，遠遠超過桌面上的所有菜餚。茶酒彰顯的是主人的風格，以及企業的規格。

茶和酒都有年份和製作的廠家，背後都有故事，穿插歷史和人文，讓吃飯變得有趣。

好的茶酒，只對待知交，或者重要的生意夥伴，席間的人數不會多，很私密的，低調內斂，細水長流的互動方式。

有人請你吃飯，如果端出來的是相稱的茶酒，你要高興，因為對方把你當一回事。你要記得，他日投桃報李。商場就是有來有往。

財富和涵養藏在細節裡。西裝的袖口、口袋巾邊緣的紅點、淡淡的茶香，以及酒的色澤。一般人容易忽略的，反而是重點。品嚐這些細節，讓生意津津有味。

被騙也需要練習

她是我的業務同仁，一年多的資歷。今年三月，我陪客戶到宜蘭公出，途中在東北角海岸拍照，拍得正開心，接到她的電話。

她說，她主跑的一家科技公司隔天在桃園有一場產品發表會，跟桃園市政府合作，該公司的公關人員希望風傳媒派財經記者去採訪報導，未來如果有廣告預算，會下給風傳媒。

我問她：「那個產品很厲害，超越同業很多？有新聞點嗎？」

她說不上來那個產品有多厲害。

我追問：「桃園市長鄭文燦會出席嗎？如果阿燦出席，那個產品可能就有點看頭。」

她回答：「鄭文燦不會出席。」

我跟她說：「看起來這個場子不太重要，我們不能派記者去。但如果妳想

東北角海岸　新北市　52公分×38公分

跟這家公司做關係，幫他們出一條廣編稿，我們可以出錢請外部寫手去現場處理。」

她希望爭取這個客戶，於是我們派寫手去，廣編稿也出了。出稿之後就沒有下文。這家公司始終沒有變成她的客戶。

一開始她來找我時，我心裡就有預感，客戶是來釣免費的廣編稿。明知如此，也要讓她去經驗一下，被騙也需要練習。被騙幾次之後，她就會變得比較精明。如果被騙幾次還是沒辦法變聰明，這樣的同仁就應該放棄。

被騙也是一種成長過程。要培養一個人，就讓他去被騙幾次，看他怎麼處理挫折，看他學到什麼。當然前提是成本和風險都要控制好，例如一篇廣編稿的寫手費用，那是主管特支費可以承擔的。

商場有騙局，情場的騙局更殘酷。大企業和豪門巨室培養接班人，過程之一是帶去酒店或舞廳，讓他們見識經歷，歡場無真愛，過得了情關和色戒，才可以接掌大位。

老實說，我認為年輕人有機會跟著大人去酒店走走，不是壞事，去見見世面，就算被酒店妹或舞小姐騙，因為沒什麼錢，損失有限。等到年紀大了，小有資產，一旦被騙，傾家蕩產。

我看過一部浪漫懸疑電影《寂寞拍賣師》（The best offer）。孤僻的藝術品拍賣師年老時遇到神祕美麗女子，一見傾心，用盡一生的愛，沒想到碰上金光黨，畢生收藏的名畫都被偷走，人財兩失，最後住進精神療養院。

被騙是人生的功課。被騙要趁年輕，隨時可以復仇或再起。老了才被騙，去日苦多，你連扳回來的機會都沒有。

做好小事再做大事

常常有人問我：「總編輯和社長的差別是什麼？」

我回答：「總編輯是文人，社長是商人。總編輯負責內容，社長負責收入。」

收入很複雜。收入一定包含服務，但服務不一定有收入。我經常做一些沒有直接收入的服務。

例如，最近有一個客戶看上一戶豪宅，高樓層、兩百多坪、總價五億元的那種。他想找建商的老闆直接議價。五億元的房子，議價一個百分點就是五百萬元，可以買一輛賓士S class。

他找我幫忙約建商老闆吃飯。外界都以為媒體高層神通廣大，朋友很多。其實那個建商老闆我也不熟，只好硬著頭皮去約，還好約到了。接下來就看買賣雙方討價還價的能力。

九重葛　28公分×17公分

還有一件事也是最近發生的。某金控高階主管要幫太座買一輛電動車，全球車用晶片缺貨，訂車之後大約半年才可以交車。太座等不及，每天念，念到他受不了，打電話拜託我。

他說：「學呈，你去幫我關說，讓他們早一點交車。不可以等半年，我會被我老婆念死，日子過不下去。」

剛好那家車廠的台灣區負責人是我哥兒們。我說：「我可以幫你喬喬看。不過你不能挑顏色，我比較喬得動。如果堅持要白色，我可能沒辦法。」

他說：「反正你去幫我想辦法，有車就好，不堅持白色。」

他的運氣不錯，喬到一部銀灰色的，很中性，兩個星期之後交車。太座心滿意足，讚賞有加。他的日子就平安了。

幾年前，某位董事長的寶貝女兒新交一個男朋友。董事長請我幫忙打聽那個男生的家世和人品。

我回他：「這種事找徵信社不是更恰當嗎？」

他說：「徵信社當然有找。但是功能不同，徵信社只能找到外情（書面資料和短期表面行為）。真正的長期內情，要靠你這種老記者，透過那個男生的同事、親朋故舊去打聽。」

有錢人的考量果然不一樣。剛開始交往就徵信，不合格就斬斷，免得交往三個月或半年之後，愛得死去活來，怎麼拆都拆不開。

這些都是江湖雜事，雜事加總，把時間拉長，就是大事。我剛入社會的時候，前輩教我：「先做小事，再做大事；做好雜事，才能夠成大事。」像我們這種江湖中人，平常就要廣植福田，做好關係，希望哪一天有事相求時，對方能夠認真對待。

我跑客戶時，偶爾想起過去在編輯檯寫稿、核稿的文人歲月，好像上輩子的事。文人才氣，商人細膩；文人期待，商人忍耐；文人縱橫天地，商人將本求利。

上週日，我在家打電話喬那個五億元豪宅的事，從客廳走到後陽台，看到後陽台燦爛的九重葛，輝映著紫藍色的暮春天空。

平日澆水施肥都是小事，時到花開，就是賞心悅目的事。

同事介紹女朋友給我

去年春天，一位媒體高層介紹一個醫美客戶給我。介紹客戶當然很好，但是當時我心中有一個疑惑：媒體經營困難，大家都缺業績，為什麼這位媒體高層要介紹客戶給我？他為什麼不留著自己開發？

後來客戶的公關主動打電話給我，請我們去提案。於是我帶著企劃團隊去聽需求，接著研擬企劃書，來來回回兩個多月，終於簽回兩百萬元的年約，大家興高采烈。

開始執行時，客戶不斷修改需求，從曝光變成導流，再從導流變成導購。醫美的導購太困難，弄不好會被衛生局罰款。這個案子變得非常棘手，搞了半年之後，我們連一張發票都開不出去，最後雙方終止合約，不歡而散。

這時我才明白，為什麼那位媒體高層要介紹這個客戶給我，因為這個客戶太難搞，我的朋友可能覺得我的武功比較高，應該可以收服這個客戶，結果我也被

東安古橋　52公分×38公分

打敗。

這件事情讓我想起多年前的一件往事。

一九九一年我從美國拿到碩士學位，回到《經濟日報》擔任記者（當年我留職停薪去進修）。剛回到台灣，什麼都沒有，沒存款，沒女朋友。有一個《聯合報》的男同事介紹女朋友給我。

第一次見面是一群人一起去郊遊，去省道台三線的沿線景點，包括新竹縣關西鎮的東安古橋。那個女生是國中正職教師，有穩定的工作，長得很清秀，腿很長。

那個時候我心中也有疑問，那位《聯合報》的男同事未婚，也沒有固定的女朋友，「他幹嘛不自己追這個女生？為什麼要介紹給我？」

交往幾個月之後，我發現，這個漂亮女生的脾氣很壞（會動手的那種），而且是控制狂，一天電話查勤兩、三次，她希望我把存摺、印鑑、提款卡和信用卡都交給她保管。

我心裡想，如果我繼續跟她交往下去，我這輩子就完了。於是我斷然分手，逃之夭夭。

《世說新語》有一篇「道旁李苦」的故事。王戎七歲時，曾經與很多小孩一起到路上玩耍，路旁有一棵李樹，結了很多李子，小朋友爭相去摘取，只有王戎不為所動，小朋友問他：「你為什麼不摘李子吃？」王戎回答：「路邊的李子沒人摘，一定是苦的。」一問話的小朋友咬一口手上的李子，果然是苦的。

這個世界沒有天上掉來的禮物，只有天上掉下來的毒藥。凡事都有代價，搞清楚自己的本職學能，追求自己相稱的事物，可長可久。

下次如果還有同業要介紹客戶給我，我會特別小心。

疫情懺悔錄

這場新冠肺炎疫情三年，很多事情改變了，有幾點跟大家分享：

首先，已經消失的店面不會再回來了，例如台北市西門町和公館周邊，以及台中逢甲夜市，閒置的店面數量驚人。經過疫情的催化，全民上網，線上購物和美食外送已經變成大眾生活的一部分，我們不再需要那麼多實體店面。

店面想要存活，必須很有特色，而且熟客基礎穩固；店面想要復活，唯一的解方就是房東大幅降租。

第二點，如果你已經離開編制工作超過一年，不管你是優離、優退，或自願離職、被資遣，未來你要找一份全職工作的門檻提高很多。現在能夠成長的公司都是虛實整合，例如咖啡店，真正現場出杯的收入可能不到四十%，六十%的收入靠線上銷售咖啡豆和耗材、器材。

種蒜頭　虎尾鎮　52公分×38公分

想要重返職場，你必須文武全才，線上線下兼備，有很高的未來性，業主才會點頭。

第三點，現在僱用剛畢業的年輕人，你必須注意他的社交能力和團隊精神。過去兩年多，很多學校停課或遠端授課，學生沒有社團活動，沒有團隊合作。面試社會新鮮人要很小心，不要找到阿宅，他們可能連接電話、與人對話的能力和意願都沒有。

第四點，我們戴口罩戴了兩年多，嬰幼兒看不到大人的嘴型，語言學習的難度提高。有些小朋友進了幼稚園，才發現語言遲緩的現象，新手爸媽特別辛苦。

語言這件事，發音是首要。字正腔圓是一輩子的事。

第五點，如果你現在有一份正職工作，請珍惜你的工作，愛惜你的公司，因為我們一起走過這兩年多的風風雨雨，一切都不容易。

這場疫情是所有經營者的懺悔錄，點滴在心頭。多少店面收掉了，多少公司倒閉、縮編或轉手，台灣《蘋果日報》就是最鮮明的案例，我曾經是《台蘋》的開國元老，這幾年看它犯下許多決策錯誤，深自警惕。

我們在疫情中承擔一切，設法忘掉三年前的自己，努力摸索疫情後的新商模，一步一腳印。

九月中旬，我請假一天，特別到雲林縣走走。我在虎尾鎮看到水稻收割之後的乾稻桿，一束一束的。稻田休耕期間，農夫在田裡種蒜頭，他們把稻桿當作覆蓋物，蓋在蒜頭的上方，遮陽並保濕。

我小時候在苗栗和彰化住過一段時間，長大之習慣在工作疲憊的時候，獨自開車到農村，靜看農田和農夫工作，非常療癒。順時敬天，一分耕耘，一分收穫，這是不會改變的定律和心情。

享受過程　承擔結果

二〇二一年三月，新冠肺炎疫情進入第二年。風傳媒籌辦「好好退休」論壇，我們去台大醫院拜訪院長吳明賢，邀請他擔任論壇的講師貴賓，講題是「優質長壽的個人健康管理」。

那是個明媚的春日上午。我和兩位企劃同事走進吳院長的辦公室，遞交邀請函，並說明論壇宗旨和程序，吳院長簡單問了幾個問題之後，很爽快答應出席，前前後後大約花了二十分鐘。我們知道院長公務繁忙，不敢耽誤他太多時間，於是告辭起身。

院長送我們去搭電梯，經過走廊，我注意到牆上掛一幅全開的水彩畫，畫的是台大醫院舊大樓正門。我停下腳步觀賞那幅畫。

吳院長說：「那是馬白水的畫。」

我說：「馬白水！真跡嗎？如果是真跡，這幅畫不是國寶嗎？」

台大醫院　52公分×38公分

吳院長笑了一下，沒答話。

我問：「你們把國寶掛在走廊，不怕被偷走？」

院長說：「這是醫院，二十四小時有人，怎麼偷？」

馬白水（一九〇九～二〇〇三年）是我最景仰的水彩畫家，我曾經讀過他寫的《水彩畫法圖解》（一九六六年的作品），他精於水彩並善用水墨技法（渲染），寫意動人。那幅台大醫院是他在一九五二年畫的。

吳院長看我心動，說：「我們在這幅畫前拍張照紀念吧。」於是我們在畫前合影，微笑面對鏡頭，成為這次拜訪的完美句點。

那場論壇在風雨交加的疫情中完成，現場九成滿，口碑不錯，廠商贊助也符合預期。那是我在風傳媒辦的第三場論壇，此後論壇成為風傳媒的活動主軸。

後來有同事問我：「籌辦這場論壇的記憶點是什麼？」其實我心中最深刻的不是論壇現場，也不是贊助金額，而是那個雲淡風輕的三月上午，那幅畫和吳院長的簡短話語。

經營事業的最好心法就是享受過程，承擔結果。不問結果如何，盡心享受每一個過程，就像旅行，搭上飛機那刻，就是美好過程的開始，每一刻和每個行程，都值得珍惜和品味。

至於結果，那是總體環境、公司實力和對手現況的總和，經營者的責任就是帶領團隊平靜走完路程，所有的起落，哭過，笑過，然後從容面對結果。

只要能夠享受過程，通常結果不會太差。輸贏不是絕對，而是相對。只要能夠超越多數同業，就是贏家。心平，事就贏。

新富與舊富

我處理財經新聞三十幾年，看過很多有錢人。姑且把有錢人分成兩種：新富和舊富。新富和舊富之間，觀念和行為的差異很大，謹此分享如下：

①有錢人吃飯通常會給服務生小費。新富吃完給小費，那是感謝；舊富在用餐前就給小費，那是打點，確保服務和餐點的品質。

②吃晚餐，新富通常七點開場，人聲鼎沸，新富喜歡熱鬧；舊富通常六點或六點半開場，華燈初上，舊富怕人吵。老實說，早點開場，廚師比較專心，服務生比較專注，用餐的品質好。

③關於座車，新富開特斯拉（Tesla）或保時捷（Porsche），亮色系，例如白色或銀灰色。舊富偏愛賓士（Mercedes-Benz）或賓利（Bentley），暗色系，例如黑色或深藍色。

興福寺　奈良　52公分×38公分

④新富買股票，中富買房子，舊富買土地。

⑤新富話很多，喜歡談自己，跟他混一天，可以大略知道他的生平、家庭和小三；舊富話很少，一旦開口，不是談他人，就是談古人，很少談自己，跟舊富認識好幾年，還搞不清楚他到底是怎麼樣的人。

⑥新富全身名牌，搭機或走在路上，還要拎一個愛馬仕（HERMÈS）或LV的提袋，深怕別人看不到；舊富隨興穿搭，明明都是名牌，就是看不出來什麼牌子。

去年十一月，我參加一場晚宴。有一位新富穿著Burberry風衣，入席之後，她面對所有人脫掉風衣，讓別人看到風衣內裡的格紋。一位舊富也穿Burberry風衣，但他轉身面對柱子，很低調地脫掉風衣，設法不讓人看到格紋。新富與舊富的火候，就差在這個細節。

⑦新富有錢，但不一定有品味；舊富也不一定有品味，但畢竟富裕超過三十年，總有自己的體會，自成一格。

⑧新富的氣質像華廈，像台北一〇一，仰之彌高；舊富的氣質像古寺，好比

奈良的興福寺，深不可測。

⑨新富和舊富有一個共同點，都喜歡二十幾歲的正妹。新富看正妹，先看胸部；中富看腰身；舊富看小腿。胸部可以隆，腰部可以抽脂或束腰，但小腿通常是真的。小腿是女人身材的櫥窗。

⑩新富的人生是機會；舊富的人生是智慧。

⑪新富養生，舊富養心；新富求福，舊富積德；新富昂首闊步，舊富低頭走路。

跟這些人混久了，深深體會《史記．老子韓非列傳》那句話：「良賈深藏若虛，君子盛德，容貌若愚。」長線最厲害；內斂，非常珍貴；看不出來，才是高明的。

東大寺的秋天 奈良 王學呈 1/29 2023

3 情路

愛情和工作、理財一樣，用心經營才會開花結果。
人都怕寂寞，有伴總比沒伴好。
不要試圖改變對方，盡可能改變自己，這樣才會長久。

東大寺的秋天　52公分×38公分

願賭服輸

他是金融業的中階主管，跟一個超商體系的女生交往一年，女生很會打扮，俏麗短髮，喜歡紫色系的衣裙。男生三十五歲，女生三十歲，都是適婚年齡。

五月中旬之後（二〇二〇年），因為新冠肺炎疫情，兩個人約會見面的次數明顯減少，幾乎都是視訊遠距互動。七月下旬之後疫情趨緩，他約那個女生見面，但女生就是很忙，約不出來。他約七夕情人節見面，八月十四日，週六，但女生那天還是很忙。

他問我：「這樣是不是怪怪的？」

我說：「不是怪怪的，是你們已經結束了。情侶怎麼可能三個星期約不出來？她在躲你。」

男生沒說話，兩隻眼睛呆望著我。

我問：「之前有沒有任何徵兆？」

秋陽　52公分×38公分

他說：「今年春節後，她跟我提過，有一個區顧問對她很照顧，彼此很談得來。」

我說：「那就對了，她有一個新歡，而且是長官。近水樓台先得月。」

他說：「所以她劈腿？同時跟兩個男生交往。」

我說：「這應該不算劈腿，因為她在春節後已經告訴你，另一個男生進場了，這比較像是公開決鬥。女生可能最近作了決定，選擇那位區顧問。」

基本上，我覺得這個女生算磊落的，她有兩點可取：

第一點，她清楚告知，讓男生們去公開決鬥，而不是偷偷摸摸的劈腿。

第二點，情人節在即，金融男肯定要送禮物，她明明可以撈一個名牌包或iPhone手機之後再落跑，但她沒有吃乾抹淨，她適時放生。這種不占對方便宜的女生很難得。多數的漂亮女生都會利用本身的優勢，去揩男生的油。

金融男問我：「接下來，我要怎麼做？」

我說：「你可以難過，但請你不要難過太久，留一點時間和精神去找新的對象。治療失戀的最好方式，就是好好再談一場戀愛。」

金融男還是有點不甘心，他認為自己先來，區顧問後到，但愛情從來就不是掛號排隊的；還有，他認為自己的收入比區顧問高，但愛情不是全然比錢多。錢不能太少，但錢多不一定有用。

戀愛本來就是一場賭博，願賭服輸。我們出來混，也是一種賭博，提案的充分準備，對客戶的誠意服務，只是堆高籌碼，但不保證成交。進場賭，就要接受輸的可能。

我覺得比較健康的方式，是先把輸準備好。以股市為例，你看好一檔股票，不管你買進幾十萬元、幾百萬元或幾千萬元，那些錢必須是閒錢，一旦賠光，不影響你的生活品質和經營體質。投資事業也是如此，永遠保留餘裕。

當我們把所有的輸都準備好時，剩下的就是贏的機會。

跟四個姐姐談戀愛

他是我的客戶，二十九歲未婚，一年多前我們認識時，他沒有女朋友。那天他搭我便車，我們從基隆開往台北市，路上有點塞，走走停停，我們有足夠的時間聊天。

我問他：「年紀不小了，最近有沒有約會的對象？」

他說：「跟幾個女生在約會，搞曖昧。」

我問：「幾個？你變強了！可以同時跟幾個女生約會。大約幾個？」

他說：「就四、五個吧！」

好驚人喔！現在的小朋友果然跟我們當年不一樣，玩多選題，不玩單選題。我們年輕的時候，心思單純，一次只追一個女生。

我追問：「四、五個，是什麼樣的女生？」

他的回答更妙。他說：「有金融業，有廣告業，也有公務人員，有四個年紀

鬥牛犬　52公分×38公分

比我大，最大的比我大七歲，姐姐們都很有主見，很會照顧人。有一個比我小，二十五歲，在台中市政府上班。」

我笑出來：「所以你有四個姐姐，一個妹妹。同時跟五個女生約會，一天約一個，就去掉五個晚上，如果有人希望一星期跟你約兩次會，你的時間應該不夠用吧？」

他說：「時間是安排出來的，還好。最怕的是看電影，經常重覆看，例如《當男人戀愛時》這部電影，我陪三個女生看三次，第一次還可以，第二次和第三次有點累，還要裝出沒看過、很新鮮的樣子。三個女生都在戲院裡哭得一把鼻涕一把眼淚，我還要很殷勤地遞面紙給她們。」

我提醒他：「兄弟，遞面紙是不行的！面紙容易有紙屑，黏在女生的眼角和鼻子下方，很不雅觀。你要遞手帕，用熨斗燙平的手帕，這樣才有質感。你要多準備幾條手帕。」

他說：「這樣喔，謝謝社長提點。」

車子從南京東路右轉建國北路，快到他公司了。

我問他：「你總不能跟五個女生一直耗下去吧？如果今天要挑一個定下來，你會挑誰啊？」

他說：「可能是那個台中妹吧。雖然有點遠，但我在週末，有時會開車去台中北屯區找她，她家有一隻鬥牛犬，我陪她溜狗。跟她在一起很輕鬆。」

台北到台中來回三百多公里，開車要四個多小時，願意這樣舟車往返，顯然他比較喜歡這個台中妹。

無論舊時代或新時代，不管舊人類和新人類，凡人的世界都有三個共通點：

①天上的飛鳥，雲層的飛機，總有落地的一刻。人的感情總有歸宿，到最後總要找一個人定下來，彼此照顧。

②男人挑來挑去，到最後通常會挑廿幾歲的女生。青春無敵。

③女人選來選去，如果所有對象的外形、性格和學經歷都差不多，最後就是那個經濟能力最好的男生雀屏中選。

離婚之後感情比較好

我開車到新北市瑞雙公路閒逛，路過牡丹里，順路去看看一位朋友。他幾年前從媒體退休，回到老家定居。

三層的樓房，很寬敞，在牡丹火車站附近。我們喝茶閒話家常，烏龍茶喝過一泡又泡，沒看到他太太出來打招呼，我隨口問：「大嫂呢？」

他說：「我們去年離婚了。」

沒料到是這樣的答案，我一時之間接不上話，空氣凝結，宅內靜默，火車隆隆的聲音駛過牡丹車站。

他接著說：「離婚之後感情比較好。這年頭，做夫妻太沉重，做朋友比較簡單。以前常常吵架，現在我們每個月都約吃飯，輕鬆聊聊天。」

他跟他太太大約幾年前感情發生問題，那時候兩個女兒還在讀書，他們不希望影響小孩，彼此都撐著。

九重葛　牡丹里　52公分×38公分

後來小孩都大學畢業，出社會就業，完全可以自立，時機成熟了，兩人協議離婚，小孩沒有反對。他把市區的房子切割給太太居住，兩個女兒跟媽媽同住，他自己搬回牡丹里的老家，跟老媽媽同住（老爸已經過世）。他手上有一些積蓄，平日接一些寫稿、寫書的工作，賺點零用錢，每天看山裡的日出日落，日子就這樣一天一天過去。

近年來這種「熟年離婚」的案例陸陸續續發生在我周邊，有的是客戶，有的是同業。感覺上這個世界的轉速變快，十年一滄桑，彼此的承諾和堅持禁不起世局的變化。如果撐不住，就不要在一起，做朋友就好。

日本的浪潮一直比台灣早。日本的「熟年離婚」，回溯到二〇〇五年由已故演員渡哲也與女星松坂慶子主演的日劇《熟年離婚》。劇情描述年輕就嫁給渡哲也的松坂慶子，在渡哲也退休之後，要求離婚，離開丈夫，去追求自己的人生。

還有更誇張的案例是日本女人在男人年邁之後要求離婚，分走男人一半的退休金。女人們趁著男人還活著的時候趕緊離婚，免得男人一旦撒手人寰，女人不但離不了婚，逢年過節還要被迫祭拜男人的祖先。

那天告別朋友之後，我坐在牡丹里的街旁吹風，聆聽火車進站和出站的聲音，九重葛盛開，映照著藍天綠樹，幾個居民在樹蔭下聊天，靜謐的秋日午後。我心中迴響朋友所說：「離婚之後感情比較好。」那句話。

這句話是緣盡情空的覺悟，也是曾經愛過的釋然。

致命的愛情小物

他最近新交一個女朋友。下班的時候，我和他同一部電梯下樓，他要去接女朋友。梅雨季節，他手上拎著一把黑傘，傘有點舊。

我跟他說：「你拿這把舊舊的黑傘去接女朋友是不行的，天這麼黑，又下著雨，你們兩個人撐一把黑傘過馬路，很危險。要撐明度高的雨傘才安全，而且傘要大一點，你的右肩和女生的左肩才不會被雨淋濕。」

他聽懂了，回公司去跟同事借一把像樣的大傘，確保當天的約會平安圓滿。這是機伶的男生，適合作業務，也適合談戀愛。

幸福依賴大物，例如房子、車子和金子；愛情需要小物，小物催化情感。很多年輕人的愛情走不遠，通常是因為忽略細節和小物。根據我的觀察，有四個愛情小物非常有用：

東京的雨天　52公分×38公分

第一個是傘，晴天遮陽，雨天擋雨。不要買便宜的傘，便宜的傘容易壞，緊要關頭打不開。貴的傘有很典雅的圖案，不管陰晴霧雨，傘下永遠是明媚的晴天。

我在日本旅行，常常在下雨的時候，坐在街角咖啡店，看日本上班族拿傘過馬路，下雨天的傘群非常迷人，五顏六色的都會風情。

傘是愛情的保險。下雨天約會，男生要備好明亮的大傘，不要指望女生包包裡的小傘，那種小傘是遮陽用的，而且一人限定。

第二個愛情小物是手帕。手帕展現質感，運動之後遞給女生擦汗，看偶像電影時給女生擦眼淚。如果女生用了你的手帕，帶回家洗乾淨，用熨斗燙平之後還給你，這就是持家的好對象。

第三個是襪子。襪子平常看不到，但一旦坐下來露出襪子，驚鴻一瞥的圖案和風格讓人印象深刻。手帕和襪子是優質男人的飾品。

襪子絕對不能破，尤其是吃日本料理要脫鞋，去女朋友家作客要脫鞋，破的或鬆垮垮的襪子絕對讓你難堪一輩子。

最後一個小物是內衣褲。約會時穿的內衣褲一定要用高級品，年輕人的愛情進程很快，有些人約會一、兩個月之後就一起過夜。過夜那一刻如果內衣是破的，內褲發黃，那真的很煞風景。可能做完這次，就沒有下一次。

內衣褲是身家和修養的底氣。內衣褲比西裝和套裝更關鍵，平常看不到，但一旦看到，絕對致命。

愛情和工作的小物及細節，不只是生活的情趣，更是生命的餘裕。那是行有餘力，一定會幸福的表徵。

房子等人買

她打算結婚，最近和男朋友在看房子。第一次買房，有點不知所措。

她問我：「買房子的要領是什麼？」

我說：「買房子有兩個重點。第一是生活機能，第二是保值和增值的可能。」

生活機能就是左有學院、右有醫院、前有市場、後有運動場，滿足上學、看病、買菜和運動等生活需求。房子是買來住的，不是買來渡假的，千萬不要買在山邊海角，看似風景秀麗的地方。

一九九〇年代，我在《經濟日報》工作，當時成家的同事很多。有人認為山林綠意很重要，買房子買在暖暖、八堵等地方，房子新、單價低、坪數大，窗外有山有樹，但位置偏遠。

有人認為生活便利才是重點，買房子買在台北市忠孝東路四段（報社附近）

蟬　38公分×26公分

的巷弄，房子較舊、坪數小，單價較高。

三十年過去了。買在暖暖、八堵的人都後悔，因為房價漲幅很有限；買在忠孝東路的人，房價漲了兩倍，甚至三倍以上。每一戶的總價都在四千萬元以上，退休養老不用愁。買房子的成敗，決定人生的後半段。

一般來講，生活機能優，房子的保值和增值潛力就大。通常我給年輕人的買房建議有兩個：

一是「買小不買遠」，在預算不變的前提下，寧可買市區的小房子，不買郊區的大房子。

二是「量大不是福」。不要買大量推案的房子，尤其是重劃區造鎮的房子，因為這些區域的房子供給量大，交屋之後可能有投資客或散客持續退場釋出，丟出來的房子就把區域房價壓下去。

還有，買房子不要急，慢慢看，花半年以上的時間，至少看過二十幢房子。每幢房子不能只看一次，中意的房子最少看三次，白天看，晚上看，假日下雨的時候去看，才可以看出住家和生活、交通環境的全貌。

她問我：「看得太慢，會不會喜歡的房子被別人捷足先登？」

我說：「基本上，不是人買房子，而是房子等人買。幾千萬的房子、幾百萬年薪的工作，還有幾億元的生意，都是長期的因果。跟你八字吻合的房子，一定會等你去買它，別人搶不走的。」

最後，我問她：「你們第一次買房，這房子登記在誰的名下？」

她說：「男朋友說用我的名字買。」

這就對了，第一幢房子用女生的名字買，保障並回饋女生的青春，這是男人應有的承擔。

跟她談話的時候，已是傍晚，蟬聲悠揚。蟬在樹上得以高鳴。存錢買房，通常是富足人生的開始。

不要嫁給有零錢包的男人

她是某電視台的記者，人生的目標是嫁入豪門，過好日子。今年夏天，經由朋友介紹，認識一個富二代。

第一頓飯在台北市晶華酒店吃牛排，男方風度翩翩，吃完飯一起逛中山北路，經過超商，男方進去買煙，付帳時，男方從公事包裡拿出一個零錢包，從零錢包裡拿出三個五十元硬幣付帳，店員找一元，男生把一元放進零錢包。

那個零錢包是小牛皮做的，很精緻。讓她留下印象。

之後，他們常常一起出遊，例如新北市平溪的山區和東北角海岸。二〇二二年十月國境開放，他們一起去日本的京阪神、奈良旅行一個星期，秋高氣爽，白天逛景點、看古寺，傍晚在巷弄之間散步，晚餐有時吃燒肉，有時吃懷石料理，或者吃握壽司，非常愉快的旅行。

回台之後，女生搬進男生在大安區的豪宅，兩人一起生活。同居算是試婚的

山城平溪　新北市　52公分×38公分

一種方式。

住在一起之後，有些真相就跑出來了。

第一個是生活費。男生讓女生住他的房子，但是生活費並非全免，例如女生外帶兩人份的餐點或水果回家，男生不會拿錢給女生。女生買家裡的清潔用品，男生也不表態。

第二是生活的耗材。這個男生很仔細，錙銖必較，例如食物要吃完，洗澡要淋浴，不要泡澡，要省水；人離開房間，燈一定要關掉。

最讓女生抓狂的是，這男生會去計算浴室的衛生紙存量，女生用太多或用太快，會被他念。

說穿了，這是一個富裕但小氣的男人，所以他會有零錢包，把每一塊錢都記得清清楚楚。

大方的男人，記錢通常以萬元作單位。男人會記到零錢銅板，絕對不好搞。「好額人，乞丐命」，女生如果嫁給他，大概必須跟他一樣省吃儉用，沒有什麼大錢可花。

後來這個美女記者決定停損，搬離那個豪宅，回到台北SOGO百貨附近，租一個小套房，回到從前，做回自己。

這次她很小心，不到半年就停損。畢竟是三十三歲的美女，去日苦多，手上沒有多少時間，她必須很果斷。下次她會記得，不要碰有零錢包的男人。

談到男女同居這件事，現在很多年輕人都採取AA制，也就是房租、生活費和水電各出一半，以示公平。

其實我覺得這是不公平的，因為女生的青春比男生短暫。

舉例來說，同樣是二十九歲的年輕男女，同居三年，如果後來分手，女生三十二歲，男生也三十二歲，女生的三年青春，價值遠高於男生的三年。

戀愛和同居的男女，男生應該多貢獻一些，至少多出一些錢，感謝女生付出的感情和青春。

情路的節點

我和一群年輕朋友去錢櫃SOGO店唱歌。這群朋友之中，L男對C女有好感。結束時，L男想送C女回家，還沒來得及開口，C女和幾個女生走在一起，很快進入捷運忠孝復興站入口。

捷運斷送很多男生送女生回家的機會。

我記得年輕的時候，送女生回家是很好的測試方式。那個年代沒有捷運，只有公車，沒有Uber，只有路上招手的小黃，送心儀的女生回家，如果她讓你送到家門口，而不是巷口（門口和巷口差很多），她下車的時候，故作輕鬆地跟她要家裡的電話（那時沒有手機，更沒有line），如果她願意給你電話號碼，那追到她的機會就很高了。

第二次送她回家，故意繞遠路，經過水岸，看月亮，月色讓人暈眩。大概到了第四次或第五次，朋友就變成女朋友了。

四四南村　52公分×38公分

以前追女生的路徑不多，開始不容易。但一旦開始，比較容易修成正果。現在的路徑很多，年輕男女的臉書、IG和line，連絡對象幾百個，甚至幾千個，但是又如何？虛虛實實，不易深交，人與人之間的關係變得很表面，有些人甚至連姓名和大頭照都是假的。

網路世界看似容易，但線上交談不等於交往，見面才是真正的開始；網路創業機會很多，但流量不等於收入，徒然的曝光只會耗盡你的時間和資源。

網路是非線性的。路徑很多，節點更多，你永遠不知道下一個情路節點，會把你的青春和愛情帶去哪裡？

後來我常常跟年輕的朋友說：「不要在線上花太多時間跟女生哈啦，那都是屁。喜歡一個女生就把她約出來，去她家，一探究竟，彼此在真實的世界裡誠意相處。實體一天勝過網路七天。」

做生意也必須虛實整合，網路的聲量和實體的活動必須有一定的配比，否則臉書和谷歌的演算法修改，就可以讓你前功盡棄。

網路的讚和留言多數是虛的，距離變現還很遠。

現在的網路和捷運，這種網狀結構改變我們的性情和基因，瞬息萬變的節點，讓我們不知所措。我有時不免懷念後工業時代，那條成功幸福的線性輸送帶，只要用功讀書，考上名校，進入大企業，努力工作，就可以平步青雲。

現在的年經人真的不容易，太多的選擇和節點，其實更需要韌性和智慧。面對華麗多變的世界，有時甚至需要一點運氣。

陪病送終的女人

他確診新冠肺炎。居家隔離期間，他的女朋友義無反顧，主動去照顧他，煮飯洗衣，餵水餵藥。後來他康復了，變成他女朋友確診。老實說，這種陪病的女子不多見。陪病有風險，新冠肺炎的重症會致命的。

我的朋友是大老闆，六十五歲，公司的年度營業額超過一百五十億元台幣。兩個小孩都在美國定居，老婆幾年前跟他離婚。事業雖然順遂，但非常寂寞。有錢人的寂寞和脆弱，排山倒海，不是我們這種普通人能夠想像的。

因為寂寞，他交女朋友，但女朋友不只是談情說愛，更重要的功能是照顧他。他說：「照顧的定義是有病陪病、急病送醫，一旦沒命，就要準備送終。」

後來我才知道，很多大老闆身邊都有這樣的女生，他們稱之為「陪病送終的女人」。對於大老闆而言，財產可以信託或交給私人銀行，事業可以委託給專業經理人，但年邁的身軀無法轉嫁出去。肉身是艱難的，怪不得老子說：「吾所以

鵝蛋荔枝　38公分×26公分

有大患者，為吾有身。」

根據我的觀察，陪病送終的女人有幾個特色：

①出來見人，都是用英文名字，連姓都不透露。例如我朋友的女朋友叫「Rebecca」（又是Rebecca！好幾個老闆的女朋友都叫Rebecca）。

②熟齡，經過人世滄桑。陪病、做菜、喝酒、送醫等等，這些雜七雜八的事情，二十幾歲的正妹做不來。

③風韻猶存。漂亮還是必要的，醜的胖的都不行。

④最好有一些商場或金融市場的經驗，老闆說話才聽得懂，不會雞同鴨講，答非所問。

以我朋友的Rebecca為例，三十八歲，清秀高挑，上海人，曾經在上海開公司、賣紅酒，嫁到台灣，後來離婚。幾年前在一個品酒的場合遇到我朋友，開始交往。這女生很會做菜，一個上午可以搞定十二人份的桌菜，中餐、西餐都行。

大老闆怎麼安置Rebecca？這很妙，大老闆日理萬機，Rebecca不會出現在公司。聰明的老闆不會把女人和公司搞在一起，只有笨蛋老闆才會把女人擺在公司裡。該出現的時候，Rebecca才會出現。

週五晚上，大老闆請我們吃飯，Rebecca也在場，無菜單的日本料理。Rebecca一手招呼，點菜配酒。吃完點心，晚餐即將結束，Rebecca拿出禮物，由大老闆一一交付給客人，碩大鮮紅的鵝蛋荔枝，這是夏天的飽滿、色澤和滋味。

既要能力又有心力。老闆身邊的女人和專業經理人，都不容易。

前債未清的空姐

三年多前，他去日本旅行時認識這位空姐。兩個人都有攝影和繪畫的嗜好，跟一群同好到鐮倉、神戶等地寫生。空姐有一個從大學時代就交往的醫生男友。

去年第四季，空姐和男友分手。他覺得有機可乘，開始熱烈追求。空姐情傷寂寞，有人陪當然好，跟著他去吃飯、看電影，去花蓮、台南旅行。空姐跟他逛街手牽手，但就是不會變成他的女朋友。空姐跟醫生前男友還有連繫。

我和他是畫友。追了半年還追不到手，他問我：「怎麼回事？明明很接近，偏偏走不進？」

我說：「小兄弟，這叫做前債未清。在情場、職場和商場，最怕這種前債未清的case。她只是讓你陪他而已，你不是她的菜，她還想那個醫生男友。交往六年多的愛情，要斷沒那容易。」

前一陣子，風傳媒在找資深企劃人員。有一個女生來應徵，條件很好，聰明

寫生的高校生　鎌倉　52公分×38公分

伶俐，外型清麗。這個女生在另一家媒體任職五年多。

面試時，我問她：「你現在待的媒體很優質，溫良恭儉讓，待遇也可以。幹嘛要換工作啊？」

她說：「我工作很努力，但過去三年，我的薪水增幅不超過十%。如果再待三年，薪水可能跟現在差不多。」

我們錄取她，頭銜和待遇完全依照她的需求。要寄聘書給她，請她給一個報到日期，但她給不出日期。後來我們只有放棄她。

這也是前債未清。一個人在一家公司待五年多，累積了深厚的慣性，儘管對現況不滿，但真正要離職，要有足夠的外部拉力和內部推力才行。就像那個空姐跟醫生男友走了六年多，彼此習慣了，藕斷絲猶連。我那個趁機追求的小兄弟，只是一隻撲火的飛蛾。

商場也是如此。有些客戶的專案走到一半，決定換廠商，找上我，希望我接手。對於這種陣前換將、前債未清的案子，我特別謹慎，因為要嘛案情複雜，或者客戶難搞，或者主事者沒有決定權，有決定權的人又不出面。這種案子最好不接，以免有運拿案，沒命結案。

回頭談談我那個小兄弟。我勸他收手停損，不要再浪費時間和金錢。以後碰到女生分手情傷，不要急著出手，先觀察兩、三個月，讓女生的情緒沉澱再說。

情傷的女生不要亂追；暴跌的股票不要亂接。

給愛也要給錢

她是台北東區短髮美女，最近交一個男朋友，打算當作結婚對象。男生是超級業務員，年收入超過新台幣六百萬元。

男生有點土。她幫他改變造型，去新光三越百貨公司買了西裝外套、襯衫、窄版長褲，還有皮鞋，花了三萬多元。她把這些行頭包裝成禮物，交給男生，男生接受，並且說謝謝。

男生穿上這些行頭，變成型男，但並沒有拿三萬多元的置裝費給女生，也沒有回送女生禮物。女生等了一、兩個星期，等不到回應，忍不住開口問男生置裝費的事，男生只簡單回答：「了解。」之後還是沒有動作。

女生是我的客戶。春節前餐敘，女生問我：「您年輕的時候交女朋友，如果女朋友主動買衣服和皮鞋送您，您怎麼回應？」

我說：「我會拿等值的現金給女生，同時買更超值的禮物回送。」

賣氣球的小販　52公分×38公分

女生問：「那這個超級業務員是怎麼回事？」

我說：「他跟你談戀愛，但他的錢是他的錢，沒打算分你用。」

她問：「如果我們持續交往，他會不會改變？」

我說：「婚姻只能改變自己，很難改變對方。現在你幫他買衣服的小錢，他都捨不得給你，如果你們以後結婚，大錢他更不可能給你。他的收入不錯，但你可能花不到他的錢。」

她說：「給愛也要給錢。愛比較珍貴，不是嗎？」

我說：「基本上是這樣。兩個人相愛，打算一起生活，收入高、能力強的人應該多付出，去照顧對方，這樣才會長久幸福。如果你認為給愛也要給錢，但對方愛錢多於愛你，你們談談戀愛就好，不要談婚姻。或者你要降低期待，專心愛他就好，不要想他的錢。你要想清楚。」

看到她迷離的眼神，我補一句：「你們可以持續交往。但我建議你看看別的男生，換一個稍微大方的男人。」

吃完飯，她去搭捷運，我在路上閒逛，經過傳統市場，看到一個賣氣球的小販，氣球有很多造型，有蜘蛛人、黃色小鴨、凱蒂貓。

五彩繽紛的氣球在風中搖晃，像極了現代都會的年輕愛情，很夢幻，但禁不起情愛和金錢的拉扯，稍不留心就飛走。情路難走，錢路更難走。

老去的小三

她透過朋友找上我，希望找一份資深業務的工作。那個時候公司沒有資深業務的缺額，但我想對方或許是好手，不妨見面談談。

第一次見面是吃晚餐的時間。她有點漂亮，穿著Burberry白襯衫和牛仔褲。很少有人面試穿牛仔褲。

看起來她是業務熟手，概念很清楚。最後談薪水，她開出每月七萬元的底薪需求。

我跟她說：「七萬元底薪是業務管理職的規格。我們現在談的不是管理職。請問，您開七萬元的基礎是什麼？」

她說：「因為我每個月的開銷是七萬元。我需要七萬元。」

我說：「七萬元的業績門檻很高，妳恐怕很難達標。如果連續六個月沒達標，妳可能待不下去。」

蒜香藤　52公分×38公分

她堅信自己可以達標。第一次的會談就這樣結束。

隔週她打我手機，希望再談一些細節，她約的一樣是晚餐時間，這回我請她吃泰國菜，上次是義大利菜。因為是朋友介紹的，我比較客氣，禮數做足。

這回她提出新的需求。為了業績達標，她希望配一個專屬的企劃，而且這個企劃她希望自己找。

我回她：「我們的企劃團隊是一個pool（共享），分案處理，沒有單一業務專屬的企劃。」

第三次更誇張，她希望見老闆，要老闆承諾她專屬企劃等條件。我有點被搞煩了，從來沒有碰過求職者這麼高調的。這個人的行為太特殊了。

於是我回頭去打聽這個人的來歷，原來她是某集團總裁的前小三，老了，男人離開她了，所以她需要找一份收入養活自己。

這個狀況有點複雜。重點不是她當過小三，重點是她的情緒管理不佳和對人沒有信心，凡事都要專屬，凡事都要一再確定，這樣的人是團隊裡的不安因子。風傳媒供養不起這樣的菩薩。

其實我對她有一點同情。長年的側室身分，以及年老色衰之後被遺棄，對她心智的傷害。但同情歸同情，請人做事是另一件事，這樣的人不適合團隊作戰。

做大生意的老闆和老闆身邊的小三都不是常人，都不容易。反過來說，因為他們不是常人，一旦脫離軌道之後，根本無法回到凡間做一個普通人。

世上有兩種艱難角色，一種是失勢的老闆，另一種是老去的小三。前者是風險實現，後者是錯擲青春，都是不歸路。

我有一個學妹，田徑美女，很年輕就離婚，之後變成某位董事長的小三。後來董事長生意失敗，打回原形，一夜髮盡白。學妹頓失所依，抑鬱度日，五十歲出頭就因為癌症過世。

面試之後的次日清晨，我在河堤山邊跑步，看到許多蒜香藤。歲末年終是蒜香藤盛開的季節，紫色夢幻。季節變換和花開花謝，提醒我們，平常日子的真實，以及平凡人生的珍貴。

妳最愛的人通常不會娶妳

最近在面試新人。通常面試到最後，我會問兩個問題：

第一、出社會之後，你最快樂的事情是什麼？你怎麼處理你的快樂？

第二、出社會之後，你最悲傷的事情是什麼？你怎麼處理你的悲傷？

我問這兩個問題的目的，是希望發掘新人的人格特質。能夠妥善處理極度快樂和非常悲傷的人，通常情緒比較平穩，理性和感性有一個平衡點，容易融入團隊。通常我不會找太過特立獨行的人。

那天上午面試一個年輕的女生，這女生狀況不錯，應該可以錄取。面試到最後，我問她最悲傷的事情是什麼？如何處理悲傷？

她想了一下，然後說：「應該是幾年前的失戀吧？我消沈了兩年多才走出來。」

很多年輕女生的最大悲傷都是失戀。女人真的是水做的。男人的最大快樂和

藍山咖啡和蜂蜜蛋糕　52公分×38公分

悲傷，通常是錢，或者權。

我回她：「兩年多才走出來，你投入很多。」

她點點頭。

我回她：「人生就是這樣。妳最愛的人通常不會娶妳；妳最想要的東西，經常得不到。」

佛家稱這世界為娑婆世界，「娑婆」是不完美的意思，有我就有苦。我們和缺憾共處，在煩惱中找尋智慧。

年輕人的世界是絕對的。追求最帥或最漂亮的；不是一百分，就是零；不是成功，就是失敗；不是愛，就是恨。

熟齡的世界是相對的，零和一百之間還有很大的空間，六十分或八十分都可為，我們只要贏過多數人就好；不一定要大賺或大賠，小賺、小賠或不賺不賠都有階段意義；成敗之外，日子依舊平靜美好。經過人生和挫折，慢慢就會懂這些道理。

人在江湖，時間有限，資源一定不充裕，即使如此，仍要盡力。最後的結果，讓市場去決定。擁有這種心境的人，通常可以在長線獲勝。

那天面試結束，我送新人到電梯口。等電梯的時候，她問我：「最愛的人不能娶我，那我應該怎麼處理？」

我回她：「那妳就在妳可以接受的男生裡，挑一個最愛妳的人。妳幸福，他快樂，這樣不是很好嗎？」

她帶著似懂非懂的表情，走進電梯。相對的好，需要一點修為。情到深處人孤獨。

那天中午，我和朋友聚餐，菜好氣氛好，餐後用高腳杯端出來的藍山咖啡更好，讓人暫時忘卻紅塵俗世。

在車上談分手

她是進口男裝的年輕櫃姐，擅長穿搭，業績很好。有一個金融業的中階主管，單身，常常來買西裝和配件，有時買鞋，兩人很談得來，開始交往。

一年之後的夏日黃昏，她坐在男生的車上，車子在台北市區繞，繞到內湖區，男生的辦公室附近，男生把車停在路旁的停車格，跟她提分手。

男女談分手，通常有三種場景：

一種是在床上談分手。這種多半是失和，不一定真的要分手，畢竟還睡在一起或住在一起，彼此還有對方的體溫和餘香。床頭失和床尾和的情形很多，只要一方讓步就好。

另一種是在座位上談分手，例如在餐廳或咖啡廳，這可能是某些事情失控，彼此需要協調。對方約你出來，坐下來談分手，這表示有些事不爽很久了，情況有點嚴重了，必須小心應對。弄不好，分手的機率超過百分之五十。

男裝專櫃　38公分×26公分

最嚴峻的是在車上談分手，分手率幾乎百分之百，這是某些熟齡男子的慣技。在男生的車上，男生有主場優勢，幾句話丟出來，要求分手，乾淨俐落，女生要吵、要回話，絕對講不久，因為車子停在路邊怠速，車水馬龍，那是個不容多話的場域，男生很容易脫身。

車上提分手之後，接下來的戲碼就是已讀不回，甚至不讀不回，人間蒸發。我從廿幾歲到現在，看過很多案例，只要是車上談分手的，鐵定分手，沒有例外，有的是大學講師跟富二代談戀愛，有的是女記者跟竹科工程師熱戀，還有這次是櫃姐和銀行財富管理部門主管的故事。

愛情本來就沒有公平錯對，愛情只有昨是今非。一旦不愛了，在車上談分手是最絕情，也是最有效的做法。分手不要問理由，真正的理由往往很傷人。

年輕的女子，如果有一天你的男人在車上跟你談分手，那絕對不是衝動，那是精心謀畫的必殺場景。反過來說，女生不要在男生的車上提分手，那是危險的場域，男生失控，踩油門，不知道把妳載去哪裡。

回頭談櫃姐。這是一個非常悲傷的黃昏。財管主管提分手，櫃姐在車上痛哭。男生要回公司加班，櫃姐希望獨自在車上坐一會兒，平復情緒，並且補妝，哭花的臉不能坐捷運見人。

天黑了，櫃姐離開車子的時候，從皮包裡拿出一個日本水蜜桃，放在座駛座的儀表板上，那是百貨公司年中慶的慶功紀念品。她用這個水蜜桃來告別戀情。

已落濤聲還入海

将飛雁影不知塵

4 台式心情

台灣的特色就是多。多山多水，多元多變又多情，
在五光十色，眼花撩亂的台灣，
一定要記得自己的本分，守住自己的核心價值。

郵差

我每天上午八點二十分左右開車出門，幾乎都會跟她相逢，她是我們這個區的郵差。

我最早注意的是她的檔車。我年輕的時候騎過檔車，對於有離合器、需要用左腳換檔的機車特別有感情。那種很有操作感、很man的感覺。

第一次看到那輛綠色檔車停在路邊，在晨光中拉出斜斜的影子，車上載著一大堆郵件，我以為那是男郵差，沒想到冒出一個女郵差，身高大約一六八公分，可能廿幾歲，很結實的身材，動作俐落，從這棟大樓送信到另一棟大樓。

七月的上午八點多，她揮汗如雨，整個背都是濕的，兩隻手臂也濕了一大半。郵差平均每天在外面送信四個小時以上，必須穿長袖，免得曬傷。長袖長褲加上安全帽，很像陸軍的甲種服裝，當過兵的人都可以體會盛夏陽光炙燒，衣服濕了又乾、乾了又濕的感覺。

郵差　52公分×38公分

因為注意到她，我特別去打聽郵差的工作內容。郵差每天先到郵局打信（依照區域分配信件），平均每天兩千封信件，郵差必須熟記地址和區域，動線的安排和規畫很重要，然後外出送信，郵件的重量約七十公斤，可能分兩趟或三趟派送。

都會區的人口密集，派信的距離短，重點是跟人的互動，尤其是掛號信和包裹。但如果是鄉下地方，送一封信可能騎十幾公里，翻山越嶺，類似電影《海角七號》的場景和情節。郵差除了送信之外，可能還扮演天使的角色，幫偏鄉的老人帶餐、送藥，傳遞訊息。

這樣的工作月薪約三萬五千元。不多但是穩定。這是一份辛苦而平凡的工作。

有一次，我正要從地下停車場開上車道，女郵差騎車從車道的斜坡下來，我停車讓她先過，她頻頻向我點頭致謝，車頭大燈斜照在停車場的白牆，形成一道黃色光束，讓我想起年輕時騎檔車跑新聞，奔波在土城看守所、士林分檢署等司法警政單位的情景，機車的引擎聲，車頭大燈瑩瑩照在僻靜的馬路上。

我們都從平凡的日子走來，那些尋常的努力和汗水，每天清晨或黃昏的平常相逢，有點熟悉的，或素昧平生的，彼此關注的，或擦身而過的，形成我們真實而溫暖的人生。

路的盡頭不是山就是海

台灣是很特殊的地方，四面環海，本島有三分之二的面積是山，很多路一直走一直走，到最後不是山，就是海。

以台北市中山北路為例，從市中心的台北車站開始，經過風情萬種的林蔭大道、士林、天母，就到陽明山的山腳，驅車上仰德大道，夏天滿山蟬鳴，秋天是搖曳的芒草，過了馬槽橋，很快就到金山海邊。

省道台九線北宜公司也是這樣，翻過雪山山脈，穿過蘭陽平原，遇見湛藍的太平洋；北部橫貫公路（省道台七線）和南部橫貫公路（省道台二十線）也是這種逢山戀海的心情。

在台灣，開車旅行是多彩幸福的。我記得兩個小孩讀幼稚園和小學的時候，開車帶他們出去玩，一個下午的行程，先在陽明山看蝴蝶，他們上車小睡一下，睜開眼就到老梅，在海邊玩沙、吹風、看夕陽，欣賞造型簡約、黑白相間的富貴

富貴角燈塔　38公分×26公分

角燈塔，接著就是漁火和滿天星斗，還有富基漁港的美味海鮮。

小孩長大之後，我常常一個人開車閒逛。這個年歲，車子是好友，馬路是知交。有一次我開車到新北市金山區的磺港散心，在那裡喝咖啡、吃烤魚。天黑之後驅車跨過磺港大橋，遠遠看到磺火捕魚的漁船，右手邊是台二線的燈光，抬頭往左邊看，明媚的上弦月掛在山邊。

開車到中南部還有一個樂趣，就是邊開車邊聽當地的台語廣播電台，有趣的賣藥廣告，從魚油、葉黃素到養命酒和壯陽藥；或者台語歌曲，從江蕙、龍千玉到楊哲和許富凱，百分之百的台味。

在美國開車是漫長的。那是個橫跨四個時區的大國，從東岸大西洋到西岸太平洋，土地遼闊。我在美國讀書時曾經跟同學租車去旅行，開車三、四個小時都是一望無際的玉米田或棉花田，路過的小鎮只有漢堡和炸雞可吃，再不然就是內華達州的廣大沙漠。每一條路都像一個世紀那麼長。

在中國大陸開車更寂寥，那也是大國。我在錢櫃工作時，曾經跑遍上海、蘇州、北京、西安、長沙等地，出了機場，下高速公路，就要有舟車勞頓的心理準備，有些地方的路況完全出乎意料。

台灣的特色就是讓你應接不暇。曾經有一位美國好友到台灣旅行，他對台灣的評語是：「There is so much going on.」台灣是多國文化和潮流的交匯點，節奏很快，變化多端。

人在台灣，你永遠要記得，不管人生或職場多麼曲折起伏，路的盡頭不是山，就是海。總有一片美麗的風景在等你。

龍眼的追憶

我很喜歡吃龍眼。小時候曾經跟阿公住過一段時間，在苗栗縣苑裡鎮。苑裡是苗栗縣少數有平原地形的行政區，是苗栗米倉。

阿公種植水稻，有時捕魚，我和弟弟跟前跟後。阿公家後面有一個果園，種植土芭樂樹和龍眼樹等等。每年夏天，在滿天蟬鳴之中，總是芭樂樹先結果，接下來就是結實纍纍的龍眼，我們爬到樹上，就有吃不完的龍眼，邊吃邊玩，那是鄉下小孩的樂趣。我對龍眼的愛戀，從那時候開始。

龍眼結果大約在中元節前後，幾乎是暮夏。只要看到龍眼上市，大紅西瓜就消失，只剩小玉西瓜，宣告夏天即將走遠，秋天的腳步接近。

龍眼是貴的水果。在市場隨便買兩串，結帳時接近兩百元。在炭烤市場，只要表明燃料是龍眼木炭，那就是高級的燒烤店；龍眼的花蜜稱為「龍眼蜜」，是蜂蜜中的上品，色澤金黃透亮。

秋天的水果　52公分×38公分

龍眼風乾的果實肉，稱為「桂圓」，富貴吉祥的名字。小時候去喝喜酒，桌上都有桂圓點心，最後的甜湯裡，也有桂圓。

我跟龍眼還有畫圖的連結。某年的中元節前，一個客戶請我畫一幅鍾馗像，用來鎮宅驅魔，安定心情。鍾馗的長相是豹頭環眼，鐵面虬鬢，很不好畫，尤其是眼睛的形狀和神采，後來我依據龍眼的造型畫眼睛，以桂圓的色澤去表現眼珠，才畫出神韻。

最後我用小楷毛筆寫一個對聯，「鍾情自有福緣至，善念迎得祿壽來。」簽名落款。

我親自送畫過去，客戶很滿意，微笑道謝。中秋節之前，他給我一筆大預算，月滿西樓，餵飽九月的業績。原來鍾馗不只驅魔，還招財。

從小到現在，每年只要龍眼上市，我都利用週末買一、兩串回家，一顆一顆剝開享用，滿嘴的甜蜜，那是童年的追憶和滋味，腦中浮現苑裡的果園和大海。

隨著剝龍眼的過程，夏天一秒一秒過去，節氣從處暑到白露，接下來就是中秋，涼爽多彩的秋天。

龍眼結果之後不久，軟柿子紅透，水梨也上市，接著硬柿也來報到。季節變幻不只視覺，還有嗅覺和味覺的享受，訴說著生活的美好。

咖啡的表情

二〇一八年十一月下旬，我到日本九州旅行，住在以溫泉著稱的別府市。吃完晚飯，在街上閒逛，天氣涼爽，幾棵泛黃的銀杏樹點綴著深秋的夜空。

經過一家手作珈琲店，隨意走進去，坐下來，點一杯黃金曼特寧和原味鬆餅。店面不大，只有六、七張桌子加上吧檯，不超過三十個座位。兩個年輕女生負責煮咖啡和送杯，店內裝潢的主色系是咖啡色配上黃色，很和煦的暖色系。

咖啡和鬆餅作好之後，由年輕女生的纖纖玉手遞送過來，再附上楓糖和溫熱牛奶（不是奶精或奶球），形成圓滿的視覺和味覺。對於這樣的服務，回報之道就是離席時，在桌上多放一點小費。

在日本喝咖啡的元素大致就是這樣，雅緻的店面和裝潢、手作咖啡和甜點、美少女和纖纖玉手，以及質樸的桌布和桌上小物。這些元素構成咖啡的表情，成為一日散策的印記。在大阪的心齋橋、東京的神樂坂、奈良的猿澤池等等，都是

咖啡店　別府　52公分×38公分

類似的印象。

咖啡的表情，放大我們對旅行的感動和懷念，那些不再回頭的青春和時光。

新冠肺炎疫情進入第三年，出不了國。在台灣，我慢慢摸索出台式的咖啡表情。

台灣不是日本，台妹不是櫻花妹，沒有日本商社嚴格制定、一再練習的那種淺淺古式微笑。台灣咖啡店的女服務生活潑多了，露齒而笑，聲音開朗，會跟你聊幾句，送杯時也不會把小指墊在杯底（避免發出聲響），經常是很快放杯就走。

台灣的服務業不像日本，沒有那麼多SOP（標準作業流程）。就算有，店長和店員也不會徹底執行。

台灣咖啡的最大特色是多樣化，台灣多元文化的延伸。例如在奮起湖，我在厚重的檜木桌椅上品嚐阿里山咖啡，木香和咖啡香交匯；或者在前往日月潭的途中，經過一家鐵工廠，裡面竟然是咖啡店，後工業風，喝咖啡時，周圍都是冰冷陽剛的車床和鋼材。

台灣的送杯人員沒有日本的規格和典雅，卻有滿滿的誠意和人情。有些家庭式的咖啡店，爸爸忙著煮咖啡，媽媽作餐，送杯過來的是穿著制服的小學生，有小男生，也有小女生，靦腆生澀的笑容，微微顫抖的手臂，送杯之後對你深深鞠躬。這是最感人的咖啡表情。

台灣甜點

每次去基隆廟口夜市，步行經過大華餅店，我都會停下來買綠豆椪，有時買一個，有時買兩個或三個。當天一定吃一個，邊走邊吃，旁若無人。大華的綠豆椪甜度適中，溫和暖心，吃起來很療癒。

我是甜點控。台灣甜點跟美國、法國和日本不太一樣。

先講美國，美國甜點的甜度驚人，不管是蛋糕、甜甜圈或冰淇淋，都是很奔放、很熱情的甜，吃完要喝開水的。美國果然是年輕的國度，甜食就像好萊塢的爽片，強度爆表。

法國甜點是歐洲甜點的典範。最早的甜點是用蜂蜜做的，十八、十九世紀機械化製糖之後，糖製甜點成為主流，不過那時候吃糖是皇室貴族的專利，庶民吃不起。貴族們吃甜點有一定的儀式，例如餐後或喝下午茶，因此法國甜點都有一定的甜度，例如舒芙蕾（Soufflé）、馬卡龍（Macaron）、瑪德蓮（Madeleine）

綠豆椪　38公分×26公分

或檸檬塔（Tarte au Citron），大概都無法獨立享用，必須配茶或咖啡。

法式甜點造型精美，價格高昂是市場公認的。

日本甜點最早是和菓子，平安時代（西元七至九世紀）遣唐使由從唐朝帶回，最早是用來拜神（神饌），為了保鮮防腐，糖用的比較多。十六世紀茶聖千利休提倡茶道，和茶道相依相存的和菓子也蓬勃起來。

既是佐茶，甜度當然要夠，例如羊羹、銅鑼燒、紅豆大福、煉切、葛櫻和鯛魚燒，吃一、兩口沒問題，吃第三口可能就要喝茶了。和菓子不只是甜點，更是大和文化的乘載，花的造型、魚的形狀，以及禪的精神。

台灣甜點沒有那麼多規格和使命。我覺得台灣甜點有幾個特色：

①台灣甜點是庶民的，不是貴族的；是生活的，不是儀式的。舉凡車輪餅、綠豆沙餅、豆花、杏仁茶和仙草冰等等，人人吃得起，大街小巷都有，不一定要進入殿堂和廟堂，想吃就吃，不分日夜和場所。

②台灣甜點直接簡約，看看車輪餅和麵煎餅的質樸模樣，不像法式甜點有一

定規格，也不像日本甜點過度包裝。台灣甜點符合ESG的淨零減碳精神。

③台灣甜點的甜度適中，可以單獨享用，不一定要佐茶或配咖啡，隨興自在，是生活的催化劑。

甜點是一種民族性。台灣甜點的庶民、簡單和彈性正是台灣人內部性格的輕鬆展現。

凌晨三點半的豬肉販

三月中旬，我到花蓮縣出差，晚上住在花蓮市忠孝街的青年旅館，我的房間在三樓。

睡到半夜，被窗外「碰、碰、碰」的聲音吵醒，起身看窗外，對街一樓有一個攤位，燈火通明，一個男人在剁豬肉，那是一個豬肉販。我看腕錶，凌晨三點半，整個城市都沉睡，他已經在工作了。

隔天我到花蓮縣政府演講，講題是「5G時代的媒體生態和定律」。演講完，我請教花蓮縣新聞科的官員：「豬肉販晚上不睡覺嗎？」

官員說：「那是一個賣台灣黑豬肉的攤販。花蓮的溫體豬大約凌晨一點宰殺，凌晨兩點之後，被宰殺的全豬一隻一隻送到各個豬肉攤位，就擺在攤位上。凌晨三點以後，豬肉販到攤位開始工作，完全手工，手起刀落，一直剁到天亮，分成不同的部位上架，販賣到中午。然後清洗刀具和攤位，接著回家睡覺，睡到

台灣黑毛豬　28公分×25公分

晚上起來吃晚飯，吃完再睡，睡到凌晨兩點多，起床展開另一天的工作。」

我問：「新鮮宰殺的全豬，凌晨兩點多擺在攤位上，不怕被偷走嗎？」

官員笑著說：「一隻全豬的重量超過一百二十公斤，怎麼偷？一般人抬都抬不動。還有，剁豬需要專業的刀具和技術，臂力和腕力驚人。剁完之後需要很大的冰箱才裝得下。養豬、殺豬、賣豬肉是很專精的產業鏈，一般人做不來。」

談到養豬，我也有點經驗。我小時候（一九六〇年代）曾經在彰化田中的外婆家住過一段時間，外婆養了兩頭黑毛豬，我常常陪大表哥餵豬。那時餵的是廚餘，廚餘必須先加熱才可以餵豬，否則豬吃了會拉肚子。

另一次是服兵役的時候。我在高雄仁武的步兵師擔任連輔導長，營部養了十幾頭黑毛豬。養豬是由兩位養過豬的士兵負責。那兩年（一九八四年和一九八五年）的冬天，我陪營長去屏東六堆買仔豬，仔豬很可愛，抱在手上像小狗一樣。

養豬是部隊福利，是輔導長的工作。我每天都要去看豬長得如何，跟那兩位士兵混得很熟。一隻黑豬養大需要十到十四個月，可以賣一萬多元，比當時一位連長的月薪還多，賣的錢就是部隊逢年過節的加菜金。

為什麼台灣人喜歡吃黑毛豬？因為一般的白豬只要養七個月就以宰殺變現，但黑豬要養十到十四個月，長得慢，所以油脂可以長進肌肉裡，油花像是大理石紋分布，吃起來油嫩滑口，這是進口豬肉比不上的。

彰化田中和高雄仁武的豬，以及那天凌晨三點半的剁肉聲，都是令人懷念的台味。

每年必須參與的三種場合

二月二十日中午，我到雲林縣斗六市參加好友楊平逸的婚禮喜宴。剛好鋒面過境，全台低溫有雨，婚禮溫馨進行。

年輕的時候，曾有前輩告訴我：「紅帖比白帖好。」因為紅帖是喜事，喝喜酒可以沾沾新人的喜氣。

我覺得喝喜酒是一件很有趣的事。出社會以來，我大概喝了幾百場喜酒。廿幾歲單身的時候參加囍宴，可以認識想結婚的女生，然後把那個女生變成女朋友。我建議年輕男女多參加喜宴，那是對的場域，容易遇到想結婚的對象。

我當長官之後參加部屬的婚禮，可以看看他的家人長什麼樣子？是什麼樣的家庭文化？有其父必有其子，基因和家教塑造一個人的本性。

五十歲以後出席別人兒女的婚嫁場面，特別有感觸，因為自己的小孩也大了，那種「男有婚，女有歸」的期待。

秧田　52公分×38公分

我覺得婚禮是人生最真誠的許諾和承擔。看到新人攜手共同面對未來的眼神，總會讓我想起年輕時的初心。

婚禮之外，另一個我每年都會去的場合是醫院，醫院也很激勵。當工作和人生不順遂的時候，去醫院走一趟，看看那些躺在床上的、坐輪椅的、提尿袋的人，就覺得自己好好的，不可以不快樂，應該珍惜現在，樂觀向前，造福社會。

還有一個每年都要參與的場合是喪禮。恩人的公祭一定要去，瞻仰他的遺容，回想他對自己的栽培，永遠感念；仇人的喪禮也要去，去看看他的死相，過去的種種怨仇化為飛灰，一切成空。

中國人的人生是儒道釋交雜的過程。婚禮很儒家，忠恕仁愛，己所不欲，勿施於人，努力工作賺錢才會幸福。

醫院的氛圍非常道家。人生變化無常，去年好好的人，今年天氣冷的時候出去運動，就中風了，送到醫院沒兩天就走了，生命如此脆弱。

喪禮是佛家的，所有的榮華富貴和喜怒哀樂到此為止，從來無 物，一切都是空性，沒什麼好爭的，也沒什麼好留戀。

二月二十日那天的喜宴，還沒等到結束，我先行離席，提前上路，因為怕高速公路塞車。歸途在莿桐鄉看到剛插好秧的稻田，蕩人心神的綠意映襯著後方一整排的防風林。四時風物，變幻無窮。

賣蝦餅的父子

十二月二十四日，聖誕夜，星期五。我吃完晚餐，走在路上，看到街旁的人行道上有一個賣蝦餅的攤販，父親忙著包裝商品，兒子坐在前面滑手機，瑩瑩燈光映照著父子和紅色蝦餅，非常醒目。

那個兒子是高中生模樣。很少看到這麼乖巧的兒子，週五晚上，又是聖誕夜，願意陪老爸出來擺攤。雖然他只是坐在那裡滑手機，看起來沒幫什麼忙，但願意坐在老爸旁邊陪同，已經很棒了。很多小孩做不到這樣，擺攤不是什麼有趣或有面子的事。

這對父子的生意不錯。攤位在台北市興隆路和忠順街交接口的公車站牌附近，多線公車經過，下班時間的人潮不少。攤位旁邊有一個信用合作社的ATM提款機，一些年輕的爸媽下班接小孩，在ATM提款，經過這個攤位，順手買個一百元或兩百元，給小孩週末當零食。

街頭蝦餅　52公分×38公分

架上除了蝦餅之外，還有蠶豆酥、卡里卡里、台灣馬卡龍等零食，一包五十元，絕對入手價，買四送一，薄利多銷。從擺攤的位置和動線、產品區隔、價格設定到買四送一，看得出來這個父親完全是擺攤老手，知道怎麼瞄準目標，積少成多，養家活口。

他把兒子帶在身邊是對的。看父親怎麼低頭做生意，讓小孩知道賺錢艱難，生活不易。好的父親不只是言教，重點是身教，一切從生活和生意教起。言教沒什麼了不起，學校的老師已經講得夠多了。

轉換到職場，好的主管不只言教，更要身教；既是經師，更是人師。亦師亦友是帶領團隊的最佳方式。

一般人對於主管的期待是專業知識的傳授，例如怎麼寫企劃案？如何成交？結案收錢的最佳路徑是什麼？或者寫稿的角度和切點是什麼？下標怎麼抓梗？網頁視覺怎麼規畫？主色系如何設定？這些是初階和中階主管的事。

管理走向高階，就像熟齡父親帶領高中以上的子女一樣，重點是身教和人師。

高階主管的工作是塑造一個良好的磁場，以身作則，讓同仁公平而有效率地工作。真正的困難是設定商模，產生收入，讓企業向上成長。經師是管理者，而人師是經營者。

這幾年我發現，管理者可以來自訓練（例如MBA課程），而經營者根本是一種性格和境界，說穿了，就是天分。好老闆和優秀的高階主管都是天生的。

經師易得，人師是機遇。

科技美女變成香燭店長

她是漂亮的小資女，之前在台北市內湖科學園區鎖售POS（點餐收銀）系統，全省跑，主要的客戶是連鎖餐飲體系，銷售加維護，原本業績很穩定。

三年多前，新冠肺炎爆發，餐廳店面的生意受到衝擊，拖累POS買氣，業績不好做。

她家住新北市三重區，父母經營香鋪，規模不小，幾乎是中盤商的規模，三十幾年的老店，店名是「正一堂香鋪」。父母年邁，想休息，請她回家幫忙，於是她順勢辭掉內湖的工作，回到三重接掌香鋪。

從科技女變成傳統的香店長，每天接觸香燭銀紙，這個轉變實在太大，很傳奇。二月中旬，我和她約在三重喝咖啡，參觀她的店，聽聽她怎麼從科技進入神明的世界。

我問她：「你回家上班之後，家裡的生意有變好嗎？」

元宵節拜拜　52公分×38公分

她說：「有啊，客單價和總價都上升。我運用科技公司的經驗，架設『正一堂香舖』粉專，建立CRM（客戶關係管理）系統，主動連繫客戶，超有效。現在店裡面的業績有七成來自遠端宅配，來店消費剩下三成，最遠的客戶在新竹，單次購買超過兩萬元。」

她還有通路配銷策略。現在都是雙薪家庭，大家都上班，沒時間張羅春節、清明節、中元節和中秋節的祭祀拜品，很多人委託宮廟代購。她跟宮廟談好，把香燭紙錢、米麵水果等祭品包成一套（set），讓小家庭的夫妻簡單購買祭拜，完全不麻煩，兼顧生活和信仰。

她回家上班一年，店裡的收入增加，商模改變，算是個人生涯和家族事業的成功轉型。

我看到很多上班族在三十歲之後碰到職場瓶頸，年收入卡在六十萬到九十萬之間，始終過不了百萬年薪。如果父母年邁，家裡的店面沒有人掌理，結束北漂，回家上班或許是另一個選擇。

或者回到家鄉，投入地方創生，以都會區和大企業的專業和經驗，協助鄉鎮小店升級，數位化轉型。網路和5G時代，距離不是問題，重點是產品的區隔和特色。有特色就有市場。

以日本為例，二〇一四年安倍晉三總理為了減緩地方人口減少的壓力，並提升日本整體活力，提出地方創生政策（又稱為安倍經濟學），吸引年輕人返鄉，在都會區以外的地區創造穩定的就業機會與人口流入，這也讓日本的觀光更具特色。

元宵節那天，台北下雨，我看到髮廊的員工在騎樓下拜拜、燒金紙，想起三重那位香燭店長。信仰支撐我們的生活和生意。

陪跑之後　終須放手

今年的秋天來得早，八月下旬，公園裡少許的欒樹已經開花泛黃，晨昏涼爽，很適合散步。

現在跟女兒和兒子散步或逛街，各走各的。他們有自己的裝束和步伐。我還記得二十年前，牽著兒子和女兒過馬路去上學的情景。轉眼間，兒子和女兒已經是大人了。在小孩的成長過程中，我慢慢知道，小孩不會依照父母的期待長大，小孩依照自己的方式長大，變成他們自己的樣子，走自己的路。

家裡現在是四個大人，沒有小孩。大人和大人之間的相處很微妙。曾經有一位女同事描述她和父母之間的互動和關係。她說：「媽媽是好友，爸爸像室友。」這話一語中地。

在我們家，平日大家都上班忙碌。到了週末假日，四個人都在家，女兒和兒子跟媽媽是好友，無話不說；跟爸爸真的像室友，只說重要的話，例如「明天要

少女和邊境牧　52公分×38公分

去武陵農場避暑，明晚在武陵過夜，後天才回家。」之類的。

還有更重要的話是要花錢的，例如想要加裝一台冷氣，或者客廳的電視壞了，要換新等等。所以做爸爸一定要會賺錢，賺錢出帳是爸爸克盡職守的一種方式。

好友也好，室友也好，真正的核心精神是相互尊重，平等互惠。不只在家裡，我覺得在職場也是如此。

兩個星期前，有一位企劃同事跟我提辭，要轉去另一個媒體，去意甚堅，懇談之後我決定放他走，當下我跟他說：「從這一刻開始，我們不再是同事，我們是朋友，朋友通常比較長久。祝你順順利利。」

嚴格來講，我不覺得自己是主管，大多數的時候，我覺得自己比較像教練，一種陪跑的心情。球隊的成績是集體努力的成果，隊員的獎牌是他自己的苦練和造化。

不管為人父母，或帶領企業團隊，我覺得我們應該做好三件事：

①提供一個環境，讓小孩快樂長大，讓同仁穩定成長，並擁有自己的專長和利基。

②培養他們堅忍正直的性格。

③就是在他們的人生路途，做他們永遠的朋友。

養育小孩跟帶領企業團隊一樣，都是長久放手的過程。陪跑之後，終須放手，讓小孩和部屬自己去飛翔。

紅衣淑女的白色緞帶

前一陣子，我到台中市出差，途中經過台中舊火車站。這是我最喜歡的車站建築。

日據時代，鐵路縱貫線南北鋪設，在台中站交會，所以台中站特別受到重視，以華麗的外觀取勝。這兩天我終於提筆把台中站畫下來。中央尖塔、山牆的列柱裝飾、大型拱窗，細節很多，作畫必須很有耐心。

台中站建於一九一七年，當時稱為「台中驛」，後期文藝復興式建築風格，主要特色是紅磚外觀，以及白色橫向飾帶。建築界的朋友戲稱這是「紅衣淑女的白色緞帶」，充滿想像空間。

台中車站和日本東京火車站有幾分神似，都是紅磚主體和白色飾帶。我每次到了東京車站，就會想起台中；在台中車站，也會想到東京，尤其是被新冠肺炎鎖國的這三年，特別想念東京。

台中舊火車站　52公分×38公分

日本紅磚建築的祖師爺是辰野金吾。日據時代來台的建築師如野村一郎、森山松之助都直接受至辰野金吾的教導，他們的部分作品都有紅磚外觀和白色飾帶的風格，例如西門紅樓、台大醫院、台灣台南地方法院、建國中學紅樓等等，都被稱為「辰野式風格」。

在台灣畫古蹟是幸福的，樣式很多，風格迥異，代表不同年代的記憶。有原住民的石板屋；有荷蘭人和英國人的官邸，例如淡水紅毛城（最早建於一六四四年）；有清朝的古蹟，例如板橋的林家花園（林本源園邸，建於一八四七年）。還有很多日本人的建築，其中有洋式風格，例如台中驛，總統府（台灣總督府），也有和風建築，例如嘉義市的昭和十八，完全用阿里山的檜木建造，非常動人。

現代建築也有可畫之處，例如台中歌劇院和台北一〇一大樓。

畫古蹟必須作功課。從時代背景、建築功能、建材工法，以及建築師的風格，都必須有一點了解，才可以掌握重點，畫出建築物的特色。

藝術創作都有重點。畫建築物的重點是軸線和透視，畫人物的重點是骨架和神韻，至於書法則是每個字的重心和通篇的視覺規畫。

建築代表一個民族的性格和面貌。台灣的古蹟像台灣的歷史，多樣又多變。台灣的地理位置是多方勢力的交匯點，各種文化進駐，造就多元的硬體和軟體。

在台灣生活和做事，要有包容的心情和順應變局的心胸。多樣和多變是我們的集體記憶，也是我們的共同命運。

那年冬天的淡水小鎮

一九八四年一月，考完預官，劉以全、蔡其達和我，三個附中同學一起去淡水旅行。

那時候還有淡水線火車，我們在台北車站集合，坐上藍皮普通車，長條式的相親座椅。那是平日，車上沒什麼人。

到了雙連站，六個年輕女生喧嘩上車，坐在我們對面。剛好蔡其達跟那群女生的某一位是輔大同學，彼此打招呼，就這樣，三個男生配上六個女生，展開淡水旅程。

那天我們玩很多地方，先坐渡輪去八里吃雙胞胎，返航之後在碼頭吃阿給和魚丸湯，再騎協力車遊淡水老街，那時候大家都年輕，一口氣騎到沙崙海水浴場，海風很大，我們在沙灘上看浪花，回頭騎到真理街，經過紅毛城和真理大學，拍很多照片。

淡江中學　52公分×38公分

接近黃昏，我們坐在淡江中學的八角塔前合影留念，塔前的亞歷山大椰子樹搖曳生姿，純真的笑容。天快黑時，我們坐火車回台北，在車上有人傳出一張白紙，每個人在白紙上留下自己的姓名、地址和家裡電話（那時候沒有手機和line）。

後來我們誰也沒有跟誰連絡，沒有誰跟誰在一起。大家都是大四下學期，女生準備就業，男生考上預官，七月就入伍了。大家都有臨界心情，都有人生的不確定感。

劉以全是台大法律系，很倒楣，抽到金馬獎，在金門服役。蔡其達（輔仁大學法律系）和我（政大法律系）在本島，我沒考上軍法官，只錄取政戰官，在高雄仁武師的步八連擔任輔導長。

回頭想想，那年冬天的淡水小鎮，好像是我們人生的節點，把河水帶向大海。從此不再有學生情懷，變成大人了。

淡水是我人生中的年輕印記。第一次的日落攝影在淡水碼頭，拍的還是黑白底片，進暗房洗照片；第一次的鉛筆寫生也在淡水，畫榕堤；考上機車駕照那天，從台北騎到淡水喝咖啡，再從淡水騎回木柵。

景點承載著某個階段的青春和記憶，掙扎和努力。二十歲的淡水，三十歲的九份，四十歲的陽明山，五十歲的瑞雙公路，還有六十歲的省道台三線。

我們三個附中同學各有不同的人生路途。劉以全現在是法官，蔡其達自己經營公司，我在媒體工作。當年的高中死黨，經過三十多年的紅塵百態，現在連絡也少了。只剩下附中四〇八班同學會的餐會敘舊，間或想起那年冬天，淡水小鎮的驚鴻一瞥。

小老闆

十二月十日中午，我在屏東市「勝利星村」散步，風和日麗，一大片蒜香藤在風中搖曳。勝利星村是眷村文資保存基地，老舊眷舍這兩年陸續修復完成，每一棟都很典雅，吸引很多文青商店進駐。

我本來打算坐在蒜香藤附近的樹下寫生，後來注意到有幾輛遊覽車停下來，一大群大嬸和阿北下車。我知道我可能變成被圍觀、拍照、討論的對象，於是趕緊躲進附近一家咖啡店，隔著窗戶作畫。

咖啡店保留日式榻榻米的格局，一對年輕夫妻經營，他們有一個讀小學二年級的兒子，也在店裡面，人手忙不過來時，這個小二生會幫忙端盤子、清理桌面。很勤快的小孩，引起我的注意。

下午四點半之後，店裡的客人陸續離開，清幽的黃昏，我跪在榻榻米上作畫。這個小二生悄悄坐在我身邊，看我作畫，幫我遞衛生紙，擦拭畫面（有時渲

勝利星村　52公分×38公分

染的水分太多，需要吸水），有時候跟我聊幾句。

我心裡覺得有趣，這小孩還會陪客人聊天，培養感情，真是作生意的料，是小老闆。

我問他叫什麼名字？他說：「我叫趙廷宇。」很軒昂的名字，不是富強、明貴、添財那種很台式的名字。

在台灣，有很多小老闆。只要是開店作生意的家庭，家裡的小孩耳濡目染，都有商人的勤快和精明性格。

有一次，我去新竹縣北埔旅行，天黑之後走進一家肉羹店，店裡面客人很多，掌廚的媽媽忙不過來，坐在店裡寫功課的兒子，應該是國中一年級左右，馬上放下功課，起身去幫忙。

我點的肉羹麵和燙青菜，就是那位國中男生煮的。當我看到那位國中生端著熱騰騰的肉羹麵和燙青菜，放在我桌上時，心中有一點感動。

我小時候，爸媽作洋床生意，家裡開工廠，爸媽晚睡晚起。那是一九七〇年代初期，台灣還沒有高速公路，運送洋床材料如彈簧、海綿、布料的卡車都是走縱貫線（台一線），夜車北上，因為車少容易開，貨送到台北時，大約是清晨，司機按電鈴通知取貨。

清晨父母都在睡覺，我起床準備上學，有時候就穿著小學制服應門、接貨、點貨，每一筆貨都要點兩次（這是爸媽教我的，凡事都要確認兩次），鈔票的收付，也要點兩次（一張一張數清楚）。

點完貨之後，請送貨人員把貨卸在定點，每種材料的置放地點不同。確定都無誤之後，在送貨的紅單上（一式兩份）簽上「王學呈收訖」五個字，甲聯交給送貨人員，乙聯放在書包裡，放學回家之後交給爸媽。

我也曾經是小老闆，現在看到那些幫忙爸媽招呼生意的小老闆，特別有感。

有人說，台灣人具有農民性格，勤奮知天；我認為，台灣是外貿島國，台灣龐大的外匯存底靠的是貿易，是生意，早期是鹿皮、白米、茶葉和樟腦，現在是晶片和筆記型電腦等等。商人的務實精明性格，也是台灣人的天性。

太陽花學運的女生

太陽花學運已經是九年前的事（二〇一四年三月至四月）。

那時候有兩個二十五歲的熱血OL也參與學運，分別是L女和W女，她們不是學生，但因為對現況不滿，所以跑去台北市濟南路睡馬路，睡了兩個晚上。她們還把臉書的封面照片都改成黑幕，等待島嶼天光的那種黑幕。

當時我們是同事，知道她們的舉動之後，我勸告她們，睡馬路適可而止，因為很危險。

學運結束之後，W女辭掉工作，去澳洲遊學，那是她的夢想。

我從來不支持年輕人遊學，要就好好讀書，學有專精；或者好好旅行，體會異國文化。到海外工作也是很好的歷練，正職工作，不是打黑工。

一年之後，W女回到台灣，英文還是不流利，整天剪羊毛、採奇異果，英文不可能好；存一點錢，那點錢在接下來找工作的過程中，不知不覺就花掉了。重

信義誠品書店　52公分×38公分

新找的工作，待遇還不如出國前。

L女在二〇一四年的下半年換工作，去某銀行擔任企劃，年收入從五十餘萬元變成六十五到七十萬元，此後一直停留在這個區間。

L女的感情很特殊。她跟一個男生談戀愛，後來發現男生是有婦之夫，她不分手，她要求男生離婚。後來男生真的離婚，但娶的是另一個女生。正妹碰到渣男，認真聰明的女生也有糊塗的時候。

同樣的熱血女青，不同的際遇。

九年過去了，二十五歲的正妹變成三十四歲的輕熟女，依然美麗，但不再青春。當年她們抗議的低薪和高房價，而今仍在，又多一個高通膨。生活好像更困難了。人生有幾個九年可以蹉跎？

太陽花學運，一個艱難的世代。前一個學運是一九九〇年三月的野百合學運，野百合學運創造一批新貴，現在民進黨的中生代如鄭文燦等人都出身於野百合學運，那個年代還有電子新貴和西進的台商和台幹。那是台灣民主化和全球運籌管理的紅利。

後來民主走向民粹，地緣政治導致供應鏈在地化。於是太陽花學運沒有新貴，只有新平（平民百姓）。

就像那兩個太陽花學運女生，有工作，但沒有存款（存款餘額不到十萬元，錢都不知道花去哪裡了？）有愛情，但沒有未來（願意負責，敢於承擔的男人好像很難找）。

青年是社會的縮影。年輕人的生涯不堪，國家的前途有限；年輕人不婚不生，台灣人斷子絕孫。

歲末年終，L女和W女找我喝咖啡聊天，我們約在信義誠品。席間她們半開玩笑地問我：「長官，有沒有好男人和好工作?可以介紹給我們？」

看到自己帶過的部屬在人生路途中勉力前行，跌跌撞撞，心中感慨萬千。

那應該是二〇二二年最苦澀的一杯咖啡。

關於蘋果日報的二三事

接手《蘋果日報》人馬的壹蘋新聞網宣布裁減採訪團隊。不意外，媒體，尤其是新媒體的經營本來就非常困難。

春節前我打掃房間，翻出一個紀念品。那是二〇〇五年十一月十一日，我離開《蘋果日報》，準備到錢櫃任職，財經中心和地產中心同仁製作一份假頭版歡送我，從主照、主文到配稿、配圖、街訪和表格、小檔案，一應俱全，文字精采，圖片搭配恰到好處，視覺動線流暢，完全符合蘋果頭版的規格。

這就是蘋果精神，連八卦搞笑都很專業。非常讓人懷念的青春和過往。

台灣《蘋果日報》創報於二〇〇三年五月，很快成為台灣發行量最大的報紙，三年之內轉虧為盈。二十年後的今天，《蘋果日報》灰飛煙滅，樓起樓塌。

現在回頭想想，《蘋果日報》是紙媒的迴光返照，最後的盛世。蘋果的沒落，背後有幾個啟示：

二〇〇五年十一月十一日 星期五
看《蘋果》好康多
今天隨報贈送
蘋果日報
APPLE DAILY
踢爆
王學呈轟進錢櫃
揮別《蘋果》直搗娛樂圈
王學呈小檔案
24小時接收爆料熱線
碩士洗車
500元/小時
驚爆內幕
拒絕公布薪酬數字
開閒馳 揹LV 看村上春樹
身藏5萬坐捷運被抓包
壹傳媒股價狂瀉千里
隨時歡迎回鍋
希望獲贈VIP卡

①蘋果是後工業時代的極緻，卻是無線網路時代的悲劇。高薪自製的內容無法變現，最後無以為繼。

網路時代的主軸是分享，不是自製。媒體必須成為平台，才有足夠的轉換率和現金收入。

②網媒必須控制編輯部的人數，編輯部是最昂貴的人力，但是記者和小編產生的內容和流量，根本不足以養活自己。

流量經濟是錯誤的方程式，蘋果新聞網以流量自許，也因流量而自毀。

新媒體必須控制編輯部的人力在總員工人數的三成左右，薪資成本不能超過四成，否則你永遠無法轉虧為盈。

內容是媒體的神主牌，但真正生財並養活全公司的是業務、產品和影音節目等部門。大記者和大編輯部的思維必須調整。

③待過壹傳媒的高階主管都自以為學會黎智英的本事，錯了。

黎智英很會花錢，用最貴的人，買最好的設備；但黎智英也很會賺錢，他能夠把花掉的錢加倍賺回來。

絕大多數壹傳媒的高管都只學會花錢，沒學會賺錢。賺錢是一種天分。有沒有天分？不需要一年或三年，一個月就知道。看他的起手式就知道。

無常即是日常，賺錢也可以優雅

作　　　者　王學呈
責 任 編 輯　徐藍萍

版　　　權　吳亭儀、江欣瑜
行 銷 業 務　周佑潔、華華、賴正祐、郭盈均
總　編　輯　徐藍萍
總　經　理　彭之琬
事業群總經理　黃淑貞
發　行　人　何飛鵬
法 律 顧 問　元禾法律事務所王子文律師
出　　　版　商周出版　台北市 104 民生東路二段 141 號 9 樓
電話：(02) 25007008　傳真：(02)25007759
E-mail：ct-bwp@cite.com.tw　Blog：http://bwp25007008.pixnet.net/blog
發　　　行　英屬蓋曼群島商家庭傳媒股份有限公司城邦分公司
台北市中山區民生東路二段 141 號 2 樓
書虫客服服務專線：02-25007718　02-25007719
24 小時傳真服務：02-25001990　02-25001991
服務時間：週一至週五 9:30-12:00　13:30-17:00
劃撥帳號：19863813　戶名：書虫股份有限公司
讀者服務信箱 E-mail：service@readingclub.com.tw
香 港 發 行 所　城邦（香港）出版集團有限公司　香港灣仔駱克道 193 號東超商業中心 1 樓
E-mail: hkcite@biznetvigator.com　電話：(852)25086231　傳真：(852)25789337
馬 新 發 行 所　城邦（馬新）出版集團 Cite (M) Sdn Bhd
41, Jalan Radin Anum, Bandar Baru Sri Petaling, 57000 Kuala Lumpur, Malaysia.
Tel：(603)90563833　Fax：(603)90576622　Email：services@cite.my

封 面 設 計　張燕儀
內 頁 設 計　洪菁穗
印　　　刷　卡樂彩色製版印刷有限公司
總　經　銷　聯合發行股份有限公司　新北市 231 新店區寶橋路 235 巷 6 弄 6 號 2 樓
電話：(02) 2917-8022　傳真：(02) 2911-0053

■2023年6月29日初版　Printed in Taiwan

定價420元

國家圖書館出版品預行編目(CIP)資料

無常即是日常，賺錢也可以優雅 / 王學呈著 . -- 初版
. -- 臺北市：商周出版：英屬蓋曼群島商家庭傳媒
股份有限公司城邦分公司發行, 2023.07
面；　公分
ISBN 978-626-318-733-7（平裝）

1.CST: 人生哲學 2.CST: 生活指導 3.CST: 職場成功法

191.9　112008516

ISBN 978-626-318-733-7